Le roseau penchant

© 2017, Fauves Éditions
9, rue de l'École-Polytechnique – 75005 Paris
www.fauves-editions.fr
ISBN : 979-10-302-0072-0

Nadalette
La Fonta Six

Le roseau penchant

Histoire d'une merveilleuse opération

*"Either write something worth reading
or do something worth writing"*

Benjamin Franklin

À Jacques pour me supporter pour le meilleur et pour le pire, pour m'aimer et, inlassablement, m'inciter à écrire

À Valentine, Éléonore, Antoinette pour m'avoir fait découvrir le meilleur de la Vie

À Jean-Claude Berline pour son amitié de longue date qui ne faillit jamais et ses conseils sensibles pour accoucher de ce livre

À Danielle - Amélie qui me lit - toujours présente et Inouïe

À l'amitié, que chacun se reconnaisse.

Préambule

Trouver un sens à ma vie, alors qu'elle pouvait sembler se désagréger.

Le malheur ne touche pas que moi - et d'ailleurs me touche-t-il ?

Il touche chacun de nous, à sa façon, taillé et aigu comme un diamant. Et on lui fait face, je lui fais face. Vous aussi qui me lisez.

Je sais bien des malheurs des autres, terribles : des morts d'êtres chers, des maladies terrifiantes, des handicaps invalidants, des trahisons, des guerres personnelles ou mondiales, la faim, l'injustice, le désespoir, les séparations, le désamour, le chômage, la pauvreté, la migration forcée, la perte de son identité, de sa terre, de son foyer.

Parfois, j'ai su être là, compatir, soutenir. Parfois, j'ai fui, j'ai fermé les yeux, j'ai choisi d'ignorer, de rejeter, d'abandonner.

Vous aussi, j'imagine.

J'ai été conçue, je suis née, marquée par l'abandon et la défiance. Sans bonheur.

J'ai alors appris de mon enfance deux choses : me taire - disparaître pour ne pas donner prise - et m'échapper. Fuir. Ancrées en moi.

Et après leurs répétitions, quand il y avait adversité. Tout va très bien. Surtout moi, même ma scoliose.

Jusqu'au jour, où, comme pour vous peut-être, tout n'est plus allé si bien.

Cette opération ratée en 2014 a brisé mon corps et mon univers.

C'est une vérité.

L'autre vérité est que jusqu'à notre dernier jour, et même peut-être après, rien ne nous arrive que nous ne sachions transformer, transmuter.

Avec le temps et des yeux grands ouverts. Vous aussi.

Vivante pleinement. Comme moi.

Ma conscience est née de l'épreuve. Épreuve de l'adulte qui vient d'abord comme un écho de l'enfance. Mais ce n'est pas encore le moment de dévoiler les correspondances intimes de l'histoire.

Là, nous n'en sommes qu'au moment fatal de l'opération, en 2014.

ASSASSINÉE

C'est un beau jour d'octobre 2014 où tout s'est figé, la veille je marchais dans Paris. J'avais cinquante-neuf ans, et je ne savais pas que ma vie allait basculer, même si tous les signes s'étaient fait fort pour me dire que je ne pouvais continuer à m'illusionner sur mon état de santé.

En montant dans ce taxi pour l'hôpital, les bruits se sont estompés, les sons se sont assourdis, les lumières sont devenues pesantes et, dans ce taxi, la vie a recommencé un huis clos, un air familier à mes oreilles. L'espace s'est resserré, d'abord, dans l'habitacle où nous échangions par convenance des banalités avec le chauffeur, au même moment où l'étau se refermait sur moi, où le temps s'apprêtait à s'effilocher, où ma liberté était aspirée inéluctablement.

J'étais accompagnée, mais seule, un cortège me conduisait et allait m'abandonner seule face à l'épouvante, la dissociation de mon corps, la domination médicale du geste, la perte de ma maîtrise dans ce que je devais vivre. Chirurgie. Osseuse.

Mon corps, ma colonne vertébrale, mon dos luttaient depuis trop longtemps, depuis toujours dans des hostilités, et étaient descendus du ring, ne me soutenant plus, soixante-treize degrés de scoliose.

Cela avait commencé à mes seize ans, on avait diagnostiqué une déformation de ma colonne vertébrale. Ma mère avait décrété, entre deux bouffées de cigarette, mégot aux lèvres : tu vas être bossue. Charmant. Et m'avait mise entre les mains d'un kinési qui s'ennuyait dans son cabinet autant que moi.

Et, très vite, je trouvais mieux à faire que d'y aller. Elle laissa tomber l'affaire, probablement pas mécontente que cette gamine qui se croyait intelligente et parfaite, et jeune, apprenne à son tour. Dans ma génération, à l'âge que j'avais, des scolioses comme la mienne, ont été contenues et enrayées.

Ma mère me traîna encore un autre jour à l'hôpital : examen par un professeur, sans aucun doute, fat et pressé, devant un aréopage d'internes. Rien n'en sortit. Et dès que je fus libérée, avec la majorité, du carcan familial, je me suis empressée de vivre et d'oublier l'affaire.

Ensuite, mais c'est une autre histoire, je construisis ma vie à mes dépens pendant trente ans avec acharnement, sans ménager ma peine et ma monture. Et comme cette faiblesse de mon corps, la scoliose, assortie de la malédiction de la sorcière, m'ennuyait à mourir, je l'ai enfouie, oubliée, zigouillée. Et j'ai TOUT fait comme si de rien n'était : bosser, voyager, danser le calypso, bouffer, baiser, naviguer, boire, javater, animer des équipes, relever des défis, dépoter des affaires, imaginer, lancer, proposer, découvrir, courir, rencontrer. J'ai tout fait, sans fin, sans arrêt, avec excès, rapidement, parfaitement, et encore. Et j'ai totalement oublié, muselé mon corps, ma colonne vertébrale. Pas le droit à la parole, celle-là. En avant toute.

Et quand elle s'est faite plus tyrannique, j'ai trouvé encore des stratagèmes pour la contourner. Et quand elle se faisait plus visible, sa courbure s'accentuant degré par degré jusqu'à l'horizon, j'ai masqué tout cela de grandes vestes, grands châles. Et quand on m'avait dit : « vous ne pourrez pas supporter une grossesse », j'ai mis au monde des jumelles, et une fille encore. Des merveilles, ma joie, mes amours.

Le premier chirurgien qui m'a parlé d'opération, des années plus tard, s'était vu gratifier d'un regard torve par une femme de quarante ans qui niait avec impudence la maladie et la déformation. Et la vie avait semblé me donner raison de ne pas vouloir écouter cet oiseau de mauvais augure, mal élevé, qui avait regardé mon corps comme un entomologiste, sans autre intérêt pour ma personne qu'une belle scoliose.

Il y avait eu bien des alertes, après les accouchements, quand je travaillais trop, quelques désarrois quand on me disait « ta robe godille dans le dos, tu ne te tiens pas droite ». Et quand on reparla scalpel, sérieusement, j'ouvris la négociation et j'acceptai alors, parfois, de me couvrir d'une carapace de plastique pour pouvoir toujours et encore assurer. Avec des voyages incessants, et des réunions interminables où je devais accepter d'être exposée aux autres ainsi harnachée. Déplaisant, mais cela avait un petit côté guerrière qui n'était pas sans m'amuser. Et puis le geste était subversif quand, d'un coup de scratch, dans un bureau aseptisé, je quittai frondeusement l'armure, narguant ceux qui pourraient commenter, et déposant celle-ci à terre.

Puis cela n'y suffit plus. Fatigue générale.

En dernier recours, je trouvais des subterfuges : rééducation posturale quotidienne auprès d'un maître de ballet exigeant. Accalmie provisoire. Mes journées laminées par ces cours quasi particuliers, où il exigeait, tempêtait, sermonnait. Le bagne pour juste éviter l'aggravation. J'allais tous les jours « casser des cailloux », en « maison de redressement », et le reste de ma vie au travail. Mais il était déjà trop tard, même pour l'héroïsme.

Le plus étonnant, aujourd'hui, est que certaines personnes ne virent jamais ma déformation, même parmi des très proches. D'autres avaient vu depuis longtemps et silence gardé. Omerta.

Alors, ne me fatiguez pas, oiseaux mal embouchés. Et d'ailleurs, vu ma capacité à produire et organiser, ça a bien arrangé tout le monde que je ne me prenne pas pour une invalide.

Toutefois, un jour, les degrés de courbure ont été tels que le voile a été levé, brutalement, la reine est à terre. Elle va s'effondrer, si ça continue ainsi. Ma colonne allait sortir de mon corps, à ce rythme. Je plaisante.

J'étais sidérée d'être là, ce jour-là de 2014, à attendre docilement dans ce couloir d'hôpital, de devoir me rendre dans des salles anonymes pour y subir une foultitude de prélèvements, essais, mesures et autres intrusions par de parfaits inconnus plus conscients peut-être que moi des risques insensés qu'on m'incitait à prendre.

Moi, j'ai soutenu mordicus jusqu'à la salle d'opération que, non, je n'avais certainement pas perdu dix centimètres de taille depuis mes vingt ans, les comptes rendus devaient être tendancieux. Non, ma colonne n'était pas si tordue, soixante-treize degrés vous dites ? On ne va pas s'arrêter aux chiffres.

L'hôpital, une fois la date de l'opération retenue, m'avait mise en contact début 2014 avec une italienne fraichement opérée pour me donner une vue de ce qui m'attendait. Le point de vue du consommateur !

Et volubile, elle ne tarissait pas d'éloges sur sa « merveilleuse opération ». *La mia meravigliosa operazione. Grazie tanto.*

Juste un enchantement, vous dis-je. Je me demandais comment elle était avant ou si elle avait fumé la moquette, mais bon !

Un jour, ce fut mon tour. Et le chœur céleste des spécialistes m'encouragea vivement à y aller. Et en plus, le chirurgien est beau gosse. Qui veut gagner des millions?! Beau parleur surtout, mais, honnêtement, il m'aurait dit ce qui allait m'arriver, y serais-je allée? Il énonça le minimum conventionnel de risques pour ne pas être en faute, et d'une façon suffisamment elliptique pour que je ne comprenne pas tout. Et se drapa dans sa compétence extrême, et celle de son équipe, pour éviter les sujets qui auraient pu fâcher. « Des comme vous, madame, on en fait plusieurs par semaine ». En clair, circulez, il n'y a rien à voir, vous n'êtes pas le cas thérapeutique qui va nous surprendre.

Moi idiote, toi homme blanc tout savoir. Mais au fond, c'était ce qui me semblait une bonne nouvelle.

Risque neurologique, la belle affaire, ça veut dire quoi pour un individu lambda? Désolée, pour moi, cela ne signifiait pas paralysie, paraplégie, cela n'a évoqué que des douleurs post opératoires possibles. Aléas thérapeutiques, ça sent la définition de mots croisés.

J'avais cédé. J'allais être opérée et redressée :

Après quarante ans de déni, après dix ans de refus, de rejet de l'opération, après trois ans de bagarre pour que mon corps résiste et échappe encore au destin, usée par le combat permanent contre des douleurs, le combat contre l'épuisement, la perte sourde de mes capacités de résistance, lassée par la réflexion même sur la lassitude, sur l'insatisfaction, sur l'incapacité probable à faire face à des difficultés présentes ou prévisibles, j'allais arrêter, m'arrêter.

Je me suis demandé parfois si je fuyais ou qui je fuyais dans cette opération à ce moment. Si je ne criais pas à l'aide en sacrifiant mon corps, ou si je ne prenais ce risque absurde que pour être enfin entendue, reconnue et aimée.

Oui, il y a peut-être eu de tout cela dans ce choix, le choix de reconnaitre et faire reconnaître ma misère, mes faiblesses, mes besoins.

Et aussi cette lassitude enfin contactée, la perte de ma niaque qui m'avait tenue debout cinquante ans durant, tordue, mais pugnace, inaltérable, increvable, me relevant sans cesse de mes cendres affectives, blessée, mais rebelle et vivante, survivante.

Incastrable, j'étais, m'a-t-on dit. Depuis ma naissance, j'avais trouvé les astuces, les chemins de traverse, les alliances, les méthodes, les trucs, tout pour ne jamais souffrir, ou au minimum, pour ne jamais perdre mon pouvoir, ma liberté, mon indépendance. Pour avancer inlassablement. Pour me relever, m'échapper. Rien ne pouvait m'arrêter. Moi, et la part en moi de mon jumeau. Je vivais pour deux.

Survivante de mon frère, survivante de mon enfance stérile et mortifère. Alors, pour le reste, même pas peur. Jusqu'à 2014.

J'avais cédé, un jour, finalement, brutalement, pour cette opération.

À la fois, parce que je perdais pied dans la fatigue et que mon corps rendait les armes. Je voyais avec horreur dans la rue ces petites dames, rétrécies, de quatre-vingt-dix ans, voûtées, le nez sur le trottoir, déformées, marchant à pas menus. Tristes.

Mais aussi, parce que ma scoliose s'était transmise à une de mes filles. Moins grave, moins brutale, sous contrôle, encore juste une déformation scoliotique, mais j'étais anéantie. Et je ne pouvais imaginer lui conseiller un jour une chirurgie que je n'aurai pas le courage d'affronter moi-même. J'avais honte de l'avoir infectée, elle, mon amour, ma vie. J'étais dévastée, j'étais coupable, je voulais trouver le moyen de réparer ma faute. La sauver. Casser le moule pour elle, stopper le malheur. Pas inéluctable.

J'avais cédé et pris date, neuf mois à l'avance, avec le chirurgien, pour cette opération : arthrodèse de la totalité de ma colonne, redressée par l'insertion de deux tiges de titane, du bassin à la nuque, au cours d'une opération de neuf heures. Neuf mois pour une lente gestation de mon deuil, de mes peurs, de mon choix, l'abandon progressif de ma vie d'avant, un temps d'étourdissement au fil de l'été qui précéda.

Au gré d'une enfilade de passages, d'abandons.

J'avais, longtemps à l'avance, méticuleusement, stratégiquement préparé la recherche d'un successeur dans mon travail. Tant et si bien, qu'il était sur la ligne de départ, pressé, désireux d'y aller, de me voir débarrasser le plancher, quatre mois avant, et il n'était plus question pour moi de reculer, je m'étais fragilisée consciemment dans mon univers professionnel. Pour ne pas reculer.

Et j'avais lâché l'affaire auprès des proches. J'avais une scoliose qu'on allait opérer. Le scoop !

Dans les mois qui précédèrent l'opération, j'étais parfois en arrêt sur image, figée d'angoisse, ayant le sentiment d'être dans une cage qui s'enfonçait inéluctablement dans l'eau, et moi avec. Sueurs froides.

Bon petit soldat, je me battais contre moi-même et ma peur, je n'allais pas renoncer quand même. J'abondais de superstitions pour m'assurer des bonnes grâces du sort : si ce n'est pas un vendredi 13, je serai opérée, je fis de l'hypnose, de la méditation, notai des mantras, des prières, des musiques de guérison, je nettoyai ma maison, vidai les placards, j'en remplis d'autres pour que ma famille ne manque de rien pendant mon absence. Rituels de nettoyages, mentaux, physiques, allez ! Suppléments alimentaires, détoxification, jeûnes hydriques, hydrothérapie du côlon. Je mis de l'ordre.

Je préparai mes gris-gris : musiques, photos, pierres et boîtes à souhait. Me faire épiler, couper mes cheveux. Préparer, préparer, préparer. Donner à mon mari les e-mails des proches. Remplir le congélateur. Préparer aussi mon retour dans cinq semaines à la maison. Mettre mes papiers en ordre.

Je refis un tour de piste de mes peurs pour mieux les exorciser. Respirer. Notre chien partit chez des amis chers. J'encapsulais tout l'été à La Rochelle des moments-souvenirs - le vent, la mer, un concert, un verre, des huîtres en bord de mer, les balades, deux voyages - sans savoir qu'ils deviendraient sous peu les moments d'avant.

Il y eut à Paris le dîner du soir d'avant, avec mon mari, une de mes filles et son ami, et toujours nargueuse, j'enfourchai la moto de l'ami pour aller au restaurant sous les yeux ébahis des deux autres.

J'avais embarqué, mon corps sous le bras, dans un chemin semé de préparatifs divers, probablement illusoires, censés m'éviter le pire, rien n'avait été laissé au hasard.

J'avais pleuré, ri, aimé, haï, hurlé, cauchemardé, discuté, négocié, espéré, et baissé les armes.

J'avais tout fait pour me rassurer.

Mais le jour J, 14 octobre 2014, la réalité c'était que j'étais LA, très abasourdie d'être là, sans personne pour me serrer et me réchauffer, toujours et encore personne, comme toujours.

Déjà éloignée de l'existence, isolée dans ce ventre d'hôpital qui allait me dévorer toute crue le lendemain, tel un animal figé dans les phares du champ opératoire, une pré lobotomisée errant dans les couloirs de l'imagerie médicale pour une dernière radio, infantilisée déjà par le monde infirmier, shootée, et le souffle court. C'était le jour et le soir d'avant.

Le dernier matin s'est passé comme dans un mauvais film : réveil - l'ai-je rêvé ? - par une infirmière aux tresses blondes de gretchen hilare avec un bonnet de troll sur la tête qui me douchait à la Bétadine en chantant gaiement. Puis le veau embarqué, ficelé sur un brancard, paré comme à la corrida, parti pour un tour d'honneur de l'arène. J'étais saluée dans les couloirs de bonjours aimables de parfaits inconnus, le public, mon public.

Des couloirs sans fin, sans orientation possible, de plus en plus froids, jusqu'à l'arrivée au champ d'honneur, le Bloc : un ersatz de cellule carcérale et de bivouac militaire, revus par Mel Brooks, plein de gens occupés et préoccupés, affairés, et laissée là en attente, déjà ou à nouveau un objet du décor, très Arte Povera.

Préopératoire.

Et là, mes sphincters qui lâchent, je chie, je chie, je chie, je leur chie dessus, je chie sur ma peur, ma douleur, mes blessures, ma vie, je chie de peur.

Cela ne leur plaît pas, ce n'est pas l'endroit où il était convenu de se vider, dans cette salle préopératoire stérile, au vu et au su des différents agités de ce matin-là, je m'en fous, je ne suis qu'une merde, et je chie et je les emmerde. Ils me torchent, ne me nettoient pas.

Game over, ça n'a pas marché, la manœuvre dilatoire n'arrête pas le mouvement inexorable, ils me rembarquent dans le dernier sas, ils se présentent : deux médecins, dont une femme qui commence à me massacrer les veines, et là je disparais, vaincue, anesthésiée.

Et personne, je dis personne, dans cet entourage hospitalier, ne chercha à gérer mes peurs, mes angoisses pourtant patentes des premiers rendez-vous à l'anesthésie. Tout ce qui n'était pas une pathologie physique bien identifiée était un non-sujet. On opère une scoliose, pas un être humain. À leur décharge, quel métier ! Et qui serait capable vraiment d'être excellent chirurgien, donc excellent technicien, homme de science mais également le Bouddha de la Compassion. Je reconnais que dans ce monde imparfait, l'hôpital ne peut pas être responsable de tout.

Je ne suis pas sûre de grand-chose, mais je ne pense pas pour autant qu'on doive anesthésier et opérer, sans s'en préoccuper plus avant, quelqu'un en crise de panique qui vient de se chier dessous. A minima, on lui parle, on la rassure, et on prévient quand même le chirurgien. Ça n'aurait peut-être rien changé, mais cela ne me laisserait pas un goût de cendre dans la bouche.

Un coup sur le crâne, et emballé, c'est pesé. Après, bon pour treize heures - neuf plus quatre - d'opérations. La messe est dite.

Merveilleuse opération, elle disait la copine.

ÉTHÉRÉE

Éthérée, ça doit être cela, moi, une présence dans un océan de lits.

Hors du temps, incompréhension, effarement.

Ouate du cerveau, des pensées béates et morphiniques.

Rien n'est grave, je n'existe plus vraiment, mais tout va bien.

Je ne fonctionne pas du tout, mais c'est parfait.

Intubée, désossée, on m'assure que tout va bien, oui, ça doit être cet état-là, le Tout Va Bien.

Avant, c'était l'adrénaline et la peur, et là, plus rien.

Je suis au milieu de ce que je craignais le plus au monde, et même pas peur, même pas la force d'avoir peur. En réanimation.

Réanimation, et la vie vacille, elle ne tient qu'à si peu.

Béate, soumise, infantile, attentive aux paroles de sachants monochromes qui virevoltent autour de moi et se saisissent de morceaux de ce qui était moi.

Ça bavasse. Oui, madame, l'opération s'est bien passée, mais on a réopéré, tout va bien, mais vos jambes sont paralysées, détendez-vous, mais on va vous saigner, vous injecter, vous sonder, vous dé-sonder, peut-être vous dessouder, vous intuber, vous dés-intuber, vous scanner, vous échographier.

On doit vous pincer, vous taper, vous mettre le doigt dans le cul, vous piquer, et vous repincer, retaper, remettre et repiquer.

Harmonieusement, certes, on le fait tous les jours, plusieurs fois par jour, donc on sait le faire parfaitement, Madame, laissez-nous faire. C'est pour votre bien, vous n'êtes plus en mesure d'en juger. Tenez-la. Maintenez le bassin, il tombe. Il n'y a pas de danger. Ah parce qu'il y a eu danger ? Vous pouvez m'expliquer, me dire ? Plus tard, ce n'est pas le moment, on ne sait pas. Mais c'est mon cul, mon sexe, mes hanches, mes jambes ! Si peu, chère Madame, ne vous en faites pas, soufflez, respirez. Madame Six, respirez. Bougez sa cheville et gardez sa jambe en position. Je voudrais. Ne parlez pas pendant l'examen, l'interne passera vous voir plus tard. Si je vous pince les lèvres vaginales, que sentez-vous ? Euh. Les doigts de pieds, bougez les doigts de pieds. Une minute, je vérifie encore vos sphincters. Il faudra rajouter des injections deux fois par jour dans les jambes dans le protocole, et aussi sonder Madame Six. Visiblement, Madame Six, vous ne sentez rien.

Mes jambes, qu'est-ce qu'ils ont dit ? PARALYSÉES mais ce n'est pas grave. Vous pouvez répéter ? Et l'idée m'a fuie, elle aussi.

C'est la nuit… je crois. On n'entend que le ronronnement de l'assistance respiratoire et des lumières sourdes et des voix feutrées.

Je suis perforée de partout.

Les équipes de garde passent, vérifient, solides et informées, je dois actionner, ou la pompe à morphine, ou la sonnette d'alarme, ou les deux à la fois si je ne vais pas bien. Je ne comprends pas bien.

En paire, les infirmiers glissent, virevoltent et disparaissent, et j'ai peur de mourir.

Seule.

Je sonne. Entrée en scène du couple qui a ma garde, parental et sauveur. Ce n'est pas de leur faute, mais je crois que j'ai déjà vu le film et que je n'ai déjà pas aimé. Qui est en train de me rejouer la scène initiale ? Hé ! On arrête la séance d'impro s'il vous plaît !

L'un est, en général, plus extraverti que l'autre, bon flic et mauvais gendarme, hétéro, homo, je me passionne dans ma tête pour leur vie, j'ai un sens bizarre de ce qui les caractérise, je me demande qui couche avec qui, pourquoi cette femme, qui m'a l'air posée et efficace, suit, à la lettre et en silence, les instructions de son binôme musclé et bavard qui me parle comme un surveillant général à une élève demeurée.

Il y a ceux qui suintent la compétence, évaluent, reportent, valident, informent, prescrivent. Martiaux.

Il y a ceux qui respirent le sauveur, qui vont poser une main, une bouillotte d'eau chaude sur mon ventre volcanique prêt à exploser. Genre sœur Sourire, un peu perverse. Un massage subversif dans le monde des diktats de l'hydre médicale.

Il y a celle en qui tu vas croire, vérité ou illusion d'un regard plus clair, plus franc, plus direct : un vrai soignant, c'est heureusement la majorité.

Il y a leurs histoires que tu entends, leur vérité qui se faufile quand tous croient que tu ne comprends rien.

Tu n'es rien alors, et comme une enfant, tu te nourris de la vie des grands : un morceau de toi écoute en douce, analyse et dissèque les frustrations, la fatigue, les petites mesquineries, les drôles de vies, les rôles, les jeux de pouvoir autour de ton corps qui n'est plus un être. Je songe à Jean Genet quand les patrons se dévoilent devant leurs bonnes.

Il y a ceux auxquels tu te raccroches et, son tour de garde est passé, ton héros a disparu avec tes espérances.

Et je suis toujours en réanimation, nulle part, parquée. Seule encore.

Entr'Actes sur fond de réminiscence

Alors que le noir se fait sur mon corps, que mon esprit se balade entre incompréhension et désespérance, je vais entreprendre un chemin que je ne peux même concevoir. Comme tous ceux marqués par un destin - un avant-après-, je ne sais pas vraiment ce qui se passe en moi et pour moi.

Je ne vais pas vous faire le coup de l'illumination, de la transe révélatrice. Il n'y a pas eu de fulgurance, de fil d'Ariane. Le voyage de l'héroïne, ce n'était pas pour moi.

C'était, et ça allait être le foutoir, ça l'est encore parfois. Pourtant.

Dans toutes ces peurs, dans ma frayeur, dans ma solitude, un tel air de déjà-vu. Rebelote.

Déjà-vu, mais a pas bien compris la leçon. Je crois que je redouble.

Je me souviens.

La peur, la mort, je suis née avec, en fait. Et je m'en suis sortie, en silence et en absence, et puis par l'acharnement, une première fois.

Laissez-moi enfin en parler. De cette enfance qui nous fonde, et parfois nous détermine.

Déjà-vu, mon enfance si peu joyeuse qui me hante, qui m'intoxique encore. Miroir. Elle vient me saluer à nouveau, me narguer à l'hôpital. T'y revoilà, ma fille, dans le néant que tu connais, qui te connaît, que tu es… Où tu vas t'enliser encore, mon enfance me menace.

Je la regarde. Si je la regarde, je sais que je vais la dépasser, l'exorciser.

Et passer de l'autre côté du miroir.

AU COMMENCEMENT

Voilà

Qui je suis.

À quoi rime cette souffrance, cette impuissance.

Découvrir qu'il y a un sens, il doit y avoir un sens.

Reprendre en main ma vie, différemment, sans effort, sans effort contrôlé. Accepter, mais sans me perdre, ni m'abandonner sous des jougs et à des présences envahissantes, à commencer par celle de mes pensées, ranimer la flamme de ma vie sans peur, et embraser le monde.

J'ai été lente à vivre, à sortir du vide, puis à bâtir un espace. J'ai accumulé des tranches de vie, tâtonné, hésité, erré, tenté, cherché.

Tant de temps pour si peu de lumière, tant de lumières, quand même, avec si peu de foi en moi.

J'ai papillonné, parfois dans un manteau de brocart, au fil des rencontres, des voyages… Trop éblouie pour voir les ombres, je me suis entrechoquée, montant trop haut, descendant trop bas, vrillant dans des courses erratiques, névrotiques, choisissant à contre temps, m'obstinant contre vents et marées, vainquant la houle pour être au final laminée par le ressac et, gisante, m'effondrer dans les sables, la bouche pleine d'amertume, sanglotant, éreintée, tordue comme une de ces branches qui jonchent la plage, sculptées jusqu'à l'os par la force de la vague, et laissées desséchées sur la grève.

La sève en moi s'est peu à peu tarie, mes désirs se sont évanouis sans que j'y prenne garde, des excroissances se sont formées en moi, très possessives, créant un enfer d'illusions, de fausses routes, de chemins pervertis, de pensées factices et de postures illusoires.

Qui je suis.

Gamine salie, blessée, abandonnée.

Perdue, errante, à la recherche d'un abri, à n'importe quel prix. M'abriter, me lover, me couler dans un coin, m'allonger sur la mousse, m'y ensevelir, me recouvrir de branches, protégée. Et attendre, là, que l'orage passe, que le tonnerre se taise, que les maléfices s'éloignent. Avoir cette intelligence. Attendre, attendre, attendre. Pour que ça vienne.

Je ne sais pas comment j'en suis arrivée là, mais dans la succession des tableaux, le premier d'entre eux est une grande brume, épaisse, beigeasse, grisâtre, verdâtre, une brume où il n'est nul bruit, nul souffle, un néant qui s'infiltre partout dans ces corps emmêlés, inextricablement, de façon significative, inexorable, mais aussi incompréhensible.

Je ne sais rien du rien, mais il sait tout de moi puisque je viens de lui, qu'il m'a déposée là, obligée.

Ce rien était sans joie, sans rire, sans chanson.

À peine palpable, le bruit du sang. Un silence de plomb. Pesant, effrayant, pendant longtemps.

Rien ne se soulève, la chape est lourde, l'immobilité quasi-totale comme si mon berceau était déjà une tombe. La femme qui me porte, qui nous porte, est un bloc de rage et d'aigreur. Cette femme qui me porte, ma mère, sans qui je ne serai pas, certes. Cet alpha qu'il me faudra subir, puis neutraliser. ELLE.

Au tout début était ma mère.

ELLE a été jeune, fraiche, vivante, mais elle a semé en route tout son allant, et il ne reste qu'une statue pétrifiée dans le bestiaire dont elle s'est faite elle-même la prisonnière.

Je ne comprends pas. Et comment pourrais-je le savoir, moi qu'on a tirée de nulle part, que cette femme, elle aussi, provient de ces contrées obscures dont nul ne sait rien. Elle inscrira, gobera et enterrera son ombre en elle, toute sa vie, jusqu'à en mourir.

Cette lignée fatale où les femmes sont haineuses, et se mutilent, se transmettant un chagrin âcre, imprégnant chaque cellule de leurs corps d'une empreinte mortifère effrayante.

La haine, chez nous, dans certaines familles, est notre moteur sans qu'on puisse vraiment savoir pourquoi, ni comment elle s'est constituée lors de la haine primale, celle des Atrides. Dans une partie de ma famille, on ne sait qu'envier, jalouser, reprocher, accuser, juger, détruire.

D'autres familles se construisent sur l'Amour. Pas chez nous. Chez nous, c'est la haine. Dans ma famille maternelle, les femmes sont souvent des mantes aigries, acerbes, sinistres, aux corps brisés, aux esprits revanchards. Atavisme corse aisément montré du doigt, la haine est le ciment depuis plusieurs générations de ma famille maternelle, et les blessures se reproduisent, ou s'aggravent au fil du temps. En tous cas se répètent. Égrégore des femmes blessées, donc blessantes, des femmes fortes, castrées. Castratrices.

Ces femmes qui, de toute part, ont subi, l'amputation de leur vrai devenir, et qui n'ayant pu ou su se relever, se redresser, prendre place, sans protection, ont converti leurs frustrations en acrimonie universelle, leurs déchirures en force de destruction familiale, leur colère en noirceur et perversité des sentiments.

ELLE, conçue par un couple amoureux, trop amoureux, peut-être, pour que cette enfant brune ait été un jour simplement aimée. Sa jeune mère, enfant adulée, qui avait épousé mon grand-père à seize ans, avait envie de tout sauf de pouponner.

À cette époque, la guerre faisait rage, 1914, laissant très vite les femmes sans époux et les filles sans père. Mon grand-père partit, pilote d'avion. Laissant jeune femme et bébé. Il revint. Happé par sa femme.

Ma mère fut en quelque sorte une victime de guerre. Ses parents se retrouvant en 18, tout à leur passion amoureuse, ont tôt fait de la laisser aux mains de sa grand-mère maternelle, austère et surnommée BOUM.

Délaisser des enfants ne posait déjà pas question dans ma famille, il semble. Ses parents se consacrèrent donc à leur couple, fusionnel et si peu maternant.

D'autant plus que ma mère ne flattait personne avec une santé à problèmes, un faciès abimé, et un caractère peu amène.

Aveugle pendant une part de son enfance – un virus improbable -, abandonnée, enfermée et alitée dans le noir, affublée de lunettes noires, nourrie de potions infectes et d'huile de ricin par cette grand-mère veuve sévère, solitaire et rigide. Ma mère a été, au départ de sa vie, une gueule cassée, comme les blessés de 14, un dommage de guerre.

J'imagine sa longue nuit, et je pourrais presque lui pardonner ce qui sera.

Peut-être pour cela, ELLE fut qui je crois. Ou peut-être pour d'autres raisons.

Tête d'une fratrie de trois sœurs, dans un rapport malsain fait de soumission et de domination entre eux tous, où l'autre n'a pas d'existence, n'est qu'objet d'un devoir, où aucun bonheur n'est possible pour ELLE, a-t-elle cru.

Ignorée, ou repoussée par sa mère, ELLE vénère son père, cet homme doux, féminin, qui se fera déchiqueter, non par un avion ennemi en tant que pilote de guerre, mais par la pernicieuse société civile qu'il réintègre, et où il ne trouve qu'une place de vassal de son propre frère.

ELLE en sera meurtrie, de ce père émasculé, elle hurlera sa rage, en fera son rempart, se coupant des vivants, tous coupables d'être animés alors que son père gît, vaincu de la vie, et ensorcelé de sa mère.

Elle combattra sa mère, l'oncle, la tante, les ascendants, ses sœurs à elle, les hommes qu'elle rencontre, qu'elle désire et possède ou pas, les femmes qu'elle jalouse, sa fille.

Jeune, elle s'amourachera d'un matador, en fille pubère sur le port de La Couarde. Un lieu au nom prédestiné pour une destinée sous cet auspice.

Elle s'enragera plus encore, en s'immergeant dans le domaine patrimonial, envieuse et fiévreuse, désireuse de le posséder, de faire sienne la terre de sa famille, la terre de son père. Jusqu'à son éviction misérablement rémunérée de quelques pauvres meubles aux prix dérisoires, grappillés dans une succession inique qu'elle percevra comme une déchéance de plus : elle n'aura pas su défendre son père.

Elle en devient folle, follement agitée, activiste. La légende dans un monde de veules, lui attribue un flirt discret avec la Résistance. Elle tente le métier d'infirmière, l'équitation, l'étranger, elle fuit.

Puis elle laboure en dactylo psychotique un Office Agricole. D'une efficacité mortelle, elle y est omniprésente, cigarette au bec, élégante – pourvoyeuse des

« nippes », qui, une fois dédaignées par elle, sont redistribuées à sa mère et à sa fratrie -, à ces trois femmes, nécessiteuses, à sa charge à elle, elle s'en convainc.

Elle est écuyère, puis propriétaire d'un chien-loup, dans une beauté de guerrière qui ne la rend pas heureuse. Elle n'est pas jolie, elle était laide, on dira d'elle à cette époque qu'elle avait « du chien ».

Son labeur l'amène en Europe, à New York, elle aurait eu des amants.

Et la hargne la pousse et aussi ensemence le désastre.

Acte I

Elle veut AVOIR, l'avoir LUI, celui qui est désormais l'objet fondamentalement illusoire de ses fantasmes, mon père.

Rencontré et chassé dans ce qu'ils croient être les Affaires, il lui est supérieur à ce qu'il dit, elle le veut.

Il est gorgé par l'admiration des femmes, cela a commencé par celle de sa propre mère à lui.

Il est fat, c'est un homme, on le dit beau, il sait se rendre désirable et inatteignable.

Trop : trop aristocratique, trop bien habillé, trop distingué, trop amant, trop plein d'amoureuses, trop divorcé, trop brillant, trop classe.

Trop tout, trop rien.

L'attirer dans un lit a été aisé, l'y retenir est fait de compromissions et d'angoisses.

Ne pas voir ses conquêtes perpétuelles, perdre l'enfant qu'il lui a fait, l'attendre, lui, souvent, le perdre vers d'autres draps, l'attendre à nouveau, se vider du feu qui l'anime pour Lui convenir, pour devenir Dame, rejeter sa lignée à elle trop modeste et trop pauvre, se désintéresser du monde extérieur, de sa vie à elle, pour ne vivre que pour lui, selon lui, qui devient sa Trinité à elle. Exit son père, en Jean, elle a trouvé Père, Fils et Saint-Esprit.

Et malgré tous les misérables efforts qu'elle déploie, son travestissement, sa reddition volontaire, il résiste, il s'éclipse, il décline son désir à elle d'être sa Dame.

Il butine, il se moque. Merci, mais non, dit-il.

Il va s'échapper, l'heure tourne, elle va rester vieille, et fille, et demoiselle.

Elle hurle.

Et lui se casse les deux jambes, pas une, les deux, il est handicapé. Et comme il ne sait déjà pas faire grand-chose dans la vie, que de faire le beau, coup de bol pour elle, cela lui semble insurmontable.

Il perd momentanément sa superbe.

On le rapatrie de Zermatt, la station de ski suisse huppée comme il le faut, elle ressort son diplôme d'infirmière.

Acte II

Elle s'installe, elle l'installe, elle le soigne, elle l'avale, elle l'entoure, elle l'isole, elle l'accapare, elle devient incontournable. Et il se laisse faire, on ne sait si cela a été par lassitude, par faiblesse ou avec une bribe de plaisir.

Qui est la victime désormais : l'araignée ou la libellule chatoyante ?

Ça grince, son monde à lui se rebiffe, ouah la mésalliance, la goule, la putain mal née et arrivée, la famille se gausse. Ses fils à lui paniquent, elle leur joue l'amie, la complice, l'alliée inattendue. Elle tente une ouverture de front, utilisant ses sœurs à elle vers ses fils à lui, elle circonvient amies fidèles et domestiques, et quant à ceux et celles qui résistent, elle les crochète et les terrasse, elle les expulse groggy, venin en avant, toutes griffes dehors, panthère aux ongles longs et rouges comme une actrice américaine perverse.

Elle a réussi, il a dit oui, ils se marieront, lui avec deux béquilles, dans son appartement sombre de noceur devenu désormais le théâtre de ce huis-clos.

La mariée ne sera pas en blanc, il n'y aura pas de photos. S'il y eut des témoins, ceux-ci s'évaporeront immédiatement comme par un fait exprès. Plus tard, elle réinventera sa photo de mariée à partir d'une photo postérieure et étrangement floutée, avec un voile blanc.

Image d'un mariage, mirage jusqu'au bout.

On ne sait pas grand-chose de ce grand jour. Ses parents - à elle - étaient là, muets et discrets, conviés, non, sommés de figurer. Ma grand-mère essaiera une félicitation courtoise qui lui vaudra de se voir rétorquer par mon père, dans un ultime élan de lucidité venimeuse et d'ostracisme social, qu'il avait eu besoin d'une infirmière.

Ainsi soit-il.

Mes trois demi-frères devaient aussi être là, conscients d'avoir été bernés par l'intrigante et d'hériter d'une marâtre. Des témoins on ne sait rien, un ancien amant pour elle, on ne sait qui pour lui.

Elle croit avoir triomphé, elle est Madame.

Le poisson ferré, il faut consolider tout cela, on quitte le lieu honni des turpitudes de l'ex-célibataire, et on emménage dans 400 m2 au cinquième étage rue de Galliera dans l'appartement, cela ne s'invente pas, de l'ex-épouse de son oncle honni, le frère de son père, celui-là même qui les avait lésées, elle et sa famille.

Elle s'y enferme, elle l'y enferme, peu entrent dans ce beau mausolée, ses enfants à lui y sont tolérés, car encore inévitables, mais cela ne durera pas.

Ils sont grandets, ces jeunes gens de vingt-cinq ans et plus, alors il n'est pas question qu'ils se sentent chez eux chez elle, qu'ils s'incrustent et fassent rentrer, avec eux, les jeunes et jolies femmes qu'ils courtisent ou qui seraient susceptibles d'allumer le regard de leur père.

C'eut été mieux de les voir annihilés, asservis, mais à défaut de les séduire, on les vire, ces enfants qui n'en sont plus et qui ont toujours été mal aimés.

Car la jeunesse ne peut qu'être intolérable, ma mère n'est plus jeune, mon père est toujours gourmand et ne semble trouver aucun souci à envisager d'emprunter des « personnes » à un fils, si l'occasion faisait le larron.

Et ma mère n'est plus belle, elle n'a jamais été jolie, elle est devenue épouse, sombre, souris grisâtre à bésicles, elle ne rit jamais, même quand elle est dans son lit à lui — mais ils font chambre à part — tous les soirs.

Et la nature, qu'on croit officiellement généreuse, se montre alors d'une perversité inouïe.

La voilà enceinte, déjà furax dès le premier mois de ce corps qui se déforme, de cette présence en elle, des difficultés qu'elle a à se mouvoir.

Elle a besoin d'une progéniture, pas d'une grossesse.

Elle, la maîtresse, n'est plus qu'un hippopotame engrossé, qui ne tient plus son homme par la queue, et s'essouffle à vouloir le suivre, ahanant de ses nausées matinales et de son surpoids.

Et il exige, ignore son état, et est prêt à retrouver totalement sa mobilité libertine momentanément perdue, l'animal !

Neuf mois à passer ainsi. C'est le prix à payer pour lui donner un héritier, ce petit homme merveilleux qui va sauver sa mère, assurer le nom, rafler la filiation et remplir le géniteur à cinquante-cinq ans de fierté virile, et effacer tous les mauvais karmas de son enfance à elle.

Elle enrage vraiment de cet amoindrissement, elle qui, tous ongles laqués rouges dehors, se saisissait juste avec délice des rênes du pouvoir au foyer et en société.

Elle vomit longuement, en permanence, elle se traîne, jambes lourdes, épuisée.

Elle devrait être heureuse de cette naissance, mais elle n'y arrive pas, elle est déprimée, dépressive.

Elle est terriblement en colère, envers et contre tous, et surtout lui, et la vie est infernale dans le couple.

L'hiver 54 est horrible, froid, blanc, d'une longueur terrible, elle s'est isolée, elle est seule, elle n'a pas de vraies amies, en a-t-elle jamais eu, elle n'a pas d'intimité, pas d'intimes, ni de familiers. Elle s'est coupée de sa famille d'origine.

Cet hiver est rentré aussi dans la légende en France. 54, la misère, le froid, une société repliée sur elle-même, où l'après-guerre est encore là, lourd, pesant, avec des clivages sociaux, économiques, terribles, mortifères. Où la mort rôde, pour ceux, nombreux après-guerre, qui sont sans toit. Cet hiver de l'abbé Pierre, qui, seul contre tous, au nom de la Bonté, se met à crier, la misère des sans-logis, la rue, la mort. Une femme morte gelée.

Pourtant, certains ne feront que de se demander, grands dieux, au nom de quoi ils s'en soucieraient. Alors que chez d'autres, cet appel fera souffler le don du partage, l'espoir d'une autre humanité. Je n'ai pas le souvenir chez mes parents que l'abbé Pierre ait bénéficié d'une belle attention, ni d'une forte écoute. L'amour de son prochain, l'esprit du Christ régnaient de façon parcimonieuse, sélective, dans ma famille, comme dans beaucoup d'autres familles françaises.

En France, parfois, je me demande si la presbytie morale ne conduit pas certains environnements à considérer leur devoir comme très circonstancié. Peut-être, est-ce la raison pour laquelle, durant la seconde guerre mondiale, tous n'ont pas jugé indispensable de s'engager et de se battre, sans pour autant collaborer, et un repli sur soi calme et digne, vis-à-vis de l'occupant, a paru suffisant pour garder sa dimension d'Homme et sa liberté. De même en 54, en allant à la messe et respectant les convenances, assorties de quelques bonnes œuvres choisies, certains n'estimèrent probablement pas impérieux d'accueillir les sujets brûlants de la misère sociale – logis, protection du faible et du démuni –, on n'avait pas à se sentir concerné par ses prochains dans leur ensemble, on avait juste SES pauvres, pas la compassion universelle.

Ma mère, quant à elle, gardera le souvenir de cet hiver glacial, gelé et inhumain. Mais elle reliera ces qualificatifs à son vécu personnel, amère d'avoir été engrossée, puis piégée dans son corps et dans ses états d'âme. Elle ne se reconnaitra jamais en l'abbé Pierre, en Emmaüs – « ce repaire de vauriens » -. 54, ce fut exclusivement la misère de SA grossesse.

Son amie de célibat, Andrée, est devenue Hélène, la belle, pour plaire à un homme, elle a choisi la vie, et elle est rayonnante, trop solaire, trop lumineuse. C'est inouï de se laisser ainsi influencer par un homme, d'être béate et comblée, sans sens critique, vraiment. Mais Hélène, au moins, n'a pas fait l'erreur d'une grossesse, elle est belle.

Elle, Jacqueline, sait que, sous peu, viendra le bonus : un fils, et cela la fait tenir.

Bien sûr, Jean n'assistera pas à l'accouchement, cela ne se fait heureusement pas, ni à cette époque, ni dans son monde. Et il avouera sans complexe, plus tard, dans les années soixante-cinq, qu'il n'enviait nullement les nouveaux pères, commis d'accouchement.

Et sa mère à elle, d'origine corse, sera là, comme il se doit, présente, le 28 mars 1955, mais sans chaleur, sans compassion : car ces deux femmes ne s'aiment pas vraiment. Chacune supporte l'autre par devoir, on ne va pas en plus faire preuve d'empathie.

C'est son devoir, ah, ce devoir déplaisant d'être sa mère, d'être sa fille, qu'elles partagent.

Mais qu'importe, Jacqueline n'attend pas autre chose qu'une présence convenable et convenue que Geneviève assurera, forte de ses quatre maternités.

On enfante entre femmes dans cette famille pour ne pas gêner les hommes, c'est la norme alors.

Et ce sont des hommes qui nous accouchent, ultime pouvoir alors concédé, comme si la vie aussi se devait pour être délivrée de bénéficier d'une autorisation masculine supplémentaire, donnée par l'accoucheur. Le Saint Homme. À qui les sages-femmes étaient encore asservies. Il faudra vingt ans de plus, pour que les sages-femmes retrouvent dans leurs maternités un pouvoir pourtant ancestral, et les femmes un univers plus respectueux de la mise au monde, et d'elles-mêmes.

Est-ce à ce moment-là, ou plus tôt dans la grossesse, au vu de son corps totalement déformé, que ma mère a compris l'ironie de la vie, combien la nature ostensiblement généreuse pouvait être perverse ?

Elle est doublement enceinte, des jumeaux. La poisse. L'a-t-elle su avant d'accoucher ? Elle n'en demandait pas tant, cela l'inquiète, elle a 36 ans, elle est exténuée, elle a hâte que ce soit fini. Pondre.

L'accouchement démarre, visiblement cela ne va pas bien, on l'endort à moitié, et elle se laisse couler dans le vide d'une semi-inconscience.

Pousse-t-elle assez ou est-ce déjà trop tard ? Le médecin accoucheur a-t-il commis une faute ? Moins saint, juste homme.

Je sors, on m'emporte.

Il sort, il est mort ou mourant, je n'en saurai jamais rien.

Il disparaît, poubellisé. Sans nom. Sans sépulture. Jeté, on ne sait où. Cela aurait pu être moi.

On m'a emportée, ni regardée, ni reconnue, dans une couveuse, ma mère ne m'a pas vue, ne veut pas me voir. Ma grand-mère gigote entre sa fille anéantie et mutique et sa petite-fille si peu attendue.

On ne pense pas l'époque qu'un nourrisson puisse souffrir. Mon père m'a aperçue, peut être aimée un peu - les bébés comme les chiots, c'est mignon -, mais laissée sur le carreau. Les infirmières ont pourvu aux check-up habituels, et, comme j'étais normale, on m'a abandonnée à mon sort. À un autre néant.

Bienvenue au monde, jingle bells, jingle bells…

Ma mère s'est reposée. Incapables de partager son chagrin, tous l'ont félicitée de ma naissance, jusqu'à ce que, socialement, elle puisse jouer le rôle de la mère, à défaut de se sentir ma mère.

Nous sommes rentrées rue de Galliera où j'ai été confinée dans ma chambre et confiée aux mains des nurses, juste exhibée propre et discrète en des occasions convenues. Pas d'amour, pas de bras.

Quelques rares photos, un baptême. Convenu aussi. Le minimum d'Épinal.

À quelques mois, un bain, moi tenue à bout de mains, comme avec des pincettes, pour la circonstance, par ma mère aux ongles longs et laqués. Photo.

Et sinon, au fond du mouroir silencieux, isolée et délaissée.

Plus d'une année. Seule. Si seule, si petite, si triste. Pleurant un frère sans le savoir. À avoir mal. Ni blottie, ni réconfortée.

Un an avant d'avoir l'opportunité de quitter ce monde : mes poumons ont brûlé, la fièvre m'a dévorée, la toux et la coqueluche ont failli m'emporter, me laissant amenuisée, trop petite dans ce monde de fous. L'air assèche ma gorge, je suffoque, le bruit déchire mes tympans, la lumière m'aveugle, mon petit corps est manipulé avec efficacité, mais sans soin. On parle de moi, on ne me parle pas, on me lange, on me range, on me parque. On injecte, et je sens la nervosité des gens qui m'entourent. La mort rôde à nouveau. Cela me remplit de crainte, mais moins peur que de rester seule, de vivre dans le silence, dans un abandon feutré. Moins peur que de ce que je subis depuis ma naissance.

Dans un grand vide. Où est la présence de mon frère, au moins sa présence, les battements de son cœur s'étant éteints ? Je n'ai pas envie de rester là, dans ce monde, avec eux qui m'auscultent. Tout est trop grand, trop froid, trop laid. Ce monde de fous, sans cœur, ne peut être le mien, je ne veux pas être s'il n'y a pas de douceur. Je ne veux pas respirer si la lumière ne scintille pas de joie, je ne veux pas être si la peau n'exulte pas de plaisir, je ne veux pas être si un sourire ne nourrit pas mes yeux, je ne veux pas être sans passion, sans caresses, ni compassion, je ne veux plus être l'enfant de cette morosité et cette vacuité. Je ne veux plus être le fruit de mes parents, je ne veux plus être tout simplement. Je ne veux pas vivre. Je veux rejoindre mon frère. Je vais retourner au néant. Comme beaucoup d'autres, je ne comprends pas pourquoi vivre.

Je n'ai pas réussi à m'éteindre, on m'a sauvée. Que lui a dit mon père ? Je ne sais, mais je suis passée de la quarantaine à la prison de haute sécurité, on m'a guérie, sauvée. Ma mère a décidé, à défaut de m'aimer inconditionnellement, de m'élever.

J'en ai pris pour treize ans, avec remise de peine et conditionnelle à l'adolescence, où j'ai échangé le tout carcéral pour le bracelet électronique.

Toute mon enfance s'est en fait passée en cellule, familiale. Dans ce grand appartement de 400 m2, où nous habitions à trois, l'enfant n'allait pas au salon, il restait dans sa chambre, jour et nuit, avec incursions possibles dans SES toilettes et SA salle de bain. Il y avait promenade, le même tour du même parc, en bas de la maison, à la même heure. Tous les jours.

Sinon je jouais, moi avec moi, enfermée dans la chambre d'enfant. Et toute tentative d'investigation des parties vivantes de l'appartement – la cuisine où la cuisinière régnait, mystérieuse, au milieu d'effluves et de bruits intrigants – ou les chambres des parents, délices de confort, de velours étranges au toucher, de parfums, d'objets fascinants où poser les doigts - se voyait fermement repoussée.

En chambre d'enfant, on n'avait même pas parloir. Et ce, pendant au moins dix ans.

J'ai été couvée, surveillée, contrôlée pour que plus rien ne m'arrive désormais, plus rien, plus rien, vraiment rien. Rien, c'était le meilleur qu'on m'a souhaité.

Aimée ? Point trop n'en faut !

Mais nourrie, peignée, lavée, disposée, comme un camée sur son velours.

J'ai cru que c'était la vie, ce n'était en fait qu'un mauvais film, cette enfance de série B. Et fiction pour fiction, j'ai pensé que j'avais sûrement de la chance, une famille normale, et que c'était cela que devait vouloir dire aimer et être aimée. Un certain temps, je n'ai pas imaginé d'autre existence.

Pas top la vie.

Et puis, merci Jules Ferry, école obligatoire, j'ai expérimenté petit à petit, année après année, la liberté conditionnelle, mesurée, du bracelet électronique avec retours imposés au régime plein carcéral hors des heures d'école. J'ai découvert la rue, les maîtresses, les enfants, l'autre monde. Tout ce qu'il n'était pas possible de m'empêcher de connaître et d'expérimenter, mais sous conditions de retour en cellule.

Et j'ai découvert mes rêves et le refuge de mon imagination. Grande découverte, qui aurait pu me mener à la folie, mais résilience aidant…

Illusions certes, mais en être l'objet et s'en nourrir, stratégie de survie et de sortie des limbes.

Oui, ce n'étaient que des rêves éveillés, mais j'ai appris à voler dans l'appartement et à déambuler ainsi la nuit, joyeuse, et frondeuse, dans les coins et les recoins, à escalader les fauteuils, à investir les dessus de cheminée et d'armoires, à traverser les placards et les antichambres, à dévorer les mètres des couloirs, caressant les moulures des murs. J'ai rejoint ma mère, uniquement en rêve, pour me blottir contre elle, et être embrassée, j'ai pris la main de mon père contre mon visage. Et ces secrets sont restés tapis en moi, créant un souvenir, au moins, de ce qui n'a pas été. J'ai vécu en enfant, virtuellement. Et me réchauffant ainsi, dissociée, j'ai apaisé mon cœur, calmé mes pleurs, amené l'espérance à poindre son nez, quel que fut le réel. Et j'ai survécu à une réalité, stérilisée ou mortelle.

À mon père, ce héros, rarement là, lointain, immensément égoïste, mais mondainement aimable et aimé. Décevant.

À ma mère omniprésente, objet de tout mon désir, dont l'odeur me ravissait, la présence m'importait avant tout, et qui me gratifiait, de-ci, de-là, comme d'un sucre d'orge, d'une proximité physique enivrante, puis se dérobait, s'emmurait.

Qui m'attachait à elle pour mieux me dominer ou me rejeter ou m'éteindre

Comment lui plaire, éviter son courroux, toujours terrible ?

Je volais vers elle dès que possible. La nuit le plus souvent, vers sa chambre, son lit, mais j'avais aussi appris l'art de la sieste qui m'ouvrait la porte des songes réconfortants. De ces stratagèmes, des illusions, je me nourrissais.

Elle se réparait aussi sur moi des petits malaises conjugaux et autres mini drames familiaux. C'était certes nocif pour moi, mais j'y trouvais au moins l'occasion d'être à ses côtés. Elle n'avait pas d'amis, et ne me créditant pas d'existence propre, pensait sans péril, pouvoir ainsi commenter à haute voix, devant moi, auditoire captif, certainement acquis à sa cause, sa déception, son ennui, le petit fretin des melons pas mûrs, des dessous de meubles pas nettoyés, de l'argenterie mal faite, du boucher grossier qui savait la servir et de l'épicier qui avait une bonne vie.

J'étais son déversoir, et elle pensait façonner à jamais ma vision du monde : plaisir exquis d'inoculer ses gènes et toute la noirceur dont elle se délectait.

La noirceur, tous et tout en étaient l'objet, rien de bon de par le monde, c'était sûr, donc il ne servait à rien de chercher à changer. Aucune contribution, évolution possible, depuis que l'homme est l'homme. Preuves absolues, l'histoire de son père, maintes fois ressassée, la guerre où elle porta des documents dans Paris pour la Résistance, m'a-t-on dit, mais même cela n'avait pas à lui redonner foi et à la réanimer. Noirceur de la haine, blason de sa famille, oui. Mais aussi noirceur aimée, nourrie, entretenue savamment par laquelle elle existait et se justifiait. Négative par naissance, par essence et par conviction. Son credo. Si brûlante dans la négativité, qu'elle pensait, en toute honnêteté, que l'affaire était pliée, que je n'y réchapperai pas, aucune chance, tu seras souffrance et aigreur, ma fille. Les mémoires de ma mère, nourries de celles de son clan, auraient dû totalement me phagocyter, elles y réussirent un peu, mais d'on ne sait où, la vie prit le pas. Et le désir. Plus tard.

J'entendais pourtant sa plainte lancinante sur la nullité des êtres, la vulgarité des autres, l'accablante dépendance financière de sa propre famille - qui lui coûtait tant-, la goujaterie des hommes, la jalousie des femmes et leur âpreté au gain, certainement, ainsi que la haine farouche, et bien réciproque, à son égard de mes frères.

Rien de bon, rien de beau, rien de bien.

À quatre ans, rien de la comédie humaine ne m'était étranger. Voir et se taire.

Voir et ne pas voir, cette attitude double qui m'a tant servi. Prévoir même. C'est-à-dire savoir ce qui arrive, ce qui risque d'arriver, ce qui pourrait arriver. Savoir comment passer entre les gouttes, ne pas être brûlée par le feu ou noyée par l'orage. Éviter le mot de trop, le geste instinctif, qui peut m'exposer. À ce moment-là, l'idée de rejet ou de rébellion n'a pas encore jailli en moi. Plus tard, elle viendra avec le regard, avec le jugement. Me planquer dans le meilleur des cas, me faire oublier, éventuellement acquiescer pour payer ma dîme et financer ma sécurité, et dans le pire des cas, m'abstraire, m'exfiltrer dans ma tête, dans mon absence. Et ne pas piper mot. Le Graal de la protection, c'est le silence, parler est un risque trop inouï. Je l'ai pris une fois dans mon enfance. Pas deux. Ce jour-là, en voulant partager avec mon père une quelconque faribole de notre gynécée, faire la faraude, j'en devins moi-même sa victime, étant à cette occasion agonie d'insultes par ma mère.

Cela avait pourtant bien commencé. Elle avait mis sa panoplie de la Cliente : passée chez le coiffeur, toute crêpée du cheveu et exhalant la laque, souliers – pas encore des chaussures – propres, sac rigide contenant billets, poudrier, clefs, rouge à lèvres, mouchoir, cigarettes - des Craven A- et un briquet, et à l'autre main, une enfant peignée, brossée, manteau anglais, collants épais et chaussures à barrettes. La panoplie complète. Nous étions sorties. ELLE, impérieuse dans la rue, moi priée de suivre et de me taire. Jusque chez la marchande de bas de l'avenue, Madame Rougerie, qui, tout sourire et amabilité confondue, accueillit ma mère comme quelqu'un entre la reine d'Angleterre et Rita Hayworth. On assoit votre fille, - Comme elle est mignonne et sage! Tu veux un bonbon, ma chérie? Dis merci, Nadalette - sur un tabouret juponné, et on s'occupe de Madame, sans imaginer que rien n'échappait à mes yeux et oreilles d'enfant. Elle acheta un ensemble — soutien-gorge, culottes et porte-jarretelles Dior. Noir. J'étais éblouie, fière comme Artaban, admirable de maîtrise de moi. À cinq ou six ans. Nous rentrâmes à la maison, elle, son nouveau trophée dissimulé dans un paquet, à la main, moi sautillante. Mon père rentra quelques heures plus tard, et là ce fut trop, c'était trop chouette, je m'empressai de tout lui dire, me sentant intégrée, autorisée, reconnue. Je lui dis, volubile et ravie, le coiffeur et la parure noire. Il rit. Ma mère beaucoup moins. Folle de rage de voir moi, sa chose, bavarder, ma mère cracha sur moi une bile longue et fielleuse. Pendant plusieurs heures, petite miséreuse, qui ose parler, de quoi je me mêle, indiscrète, moins que rien, minable, idiote. L'opprobre dura des semaines.

Donc, silence dans les rangs. La trêve a été longtemps qu'une nuit et une journée de répit chez mes grands-parents maternels certaines semaines, mais sinon…

Sinon

Des jours et des nuits dans un brouillard épais

L'attente comme seule stratégie

Et regarder

Les rires des enfants

Les robes des femmes

Le rose aux joues

Savoir ou espérer qu'il y a un ailleurs, une autre vie, un autre espace

Tel un éclair ou une fulgurance

Un parfum et une douceur de femme

Une excitation d'une bande d'enfants

La douceur rêche de la soie d'un fauteuil

La nacre de jetons précieux ou le froid du bronze d'un objet

Un coin secret pour cacher un rien

L'odeur détestable du produit à argenterie

Des maisons où ça pulse, où ça vit, autres

Un monde

Une femme est venue, elle m'a regardée, elle m'a vue et s'en est allée, qui était-elle ?

En ouvrant des portes, dévoilant des tableaux

Échappées belles

Un jour, d'un voisinage anodin, traverser la route, et toucher les maïs dans un champ, et manger en cachette un fruit chaud dans un arbre.

Un autre, où une invitation sans histoire à déjeuner chez la maman d'une amie, pourtant bien identifiée comme personne de confiance, estampillée, convenable et convenue, a ouvert la boîte. Cette visite morose s'est métamorphosée inopinément en un changement de plan, inimaginable pour moi : déplacement du déjeuner dans une autre maison, inconnue à ma mère, Le Grand Large – un nom qui ne pouvait que me faire rêver- avec flots de gens, d'enfants, de mets et de jeux, tous plus inattendus et inhabituels. Soleil. Rires. J'ai adoré, je me suis construite en partie sur cet improbable, y dénichant le germe d'un futur possible et différent.

Ma mère écuma de rage. On avait bravé son autorité, son droit de vie et de mort. Trop tard, j'avais vu.

Peu à peu, le miroir se fêle, année après année.

Alliés inattendus qui laissent en moi un germe de vie, mais aussi une sourde colère, et la rage de ne pas en être. Ah si j'avais pu naître dans cette famille du Grand Large, ou être abandonnée et adoptée. Les alliés furent toutes les entorses au destin que m'offrit la chance. Un médecin à la main apaisante, qui, le premier, parla du non-sens de ma mère, le syndrome de la ménagère. Une tante aimée. Les livres. Une femme de ménage remerciée bien vite. Une répétitrice qui décéda.

Ma vie d'enfant volée, étouffée, m'enserrant dans la gangue familiale, tant et plus que je pâlis, m'étiole, m'évade dans ma tête, elle-même, épuisée.

Parfois je ne fais que dormir. Absence.

Longue absence dans les livres, affalement dans des rêveries sans fin.

Je suis alanguie, et l'espace se resserre sur moi m'empêchant d'épanouir mon cœur et mon corps.

Si alanguie qu'on me traite: hommes et femmes en blanc aux panacées sauvages sur ce corps d'enfant, puis d'enfant pubère, enfant-adolescente maladive.

On me traîne dans une vie qui n'est pas la mienne : on me coiffe, on me coupe les cheveux, on les sèche

Je suis un mannequin dans une vitrine

On me livre dans des écoles, on me dépose à la campagne

On m'insère mutique dans des déjeuners de convenance et sans fin. Les femmes sont chapeautées, la nappe est blanche, et on devise. Je suis comme immuable et je planque les bouchons de vin dans les pieds en fer forgé de la table. Le brouhaha m'endort. Mon père parade. Cher ami, chère amie, ma bonne cousine. Ma mère est vigilante, elle en est, qu'on le sache et que les égards lui soient dus. Voyons, Gérard, reprenez des paupiettes, mon mari en raffole. Vous êtes indulgent. Elle savoure le moment. Rien ne dépasse.

On séjourne, et je séjourne avec. Vite sortie et rentrée, à heures dites, de ma chambre ou d'un gardiennage.

Parfois un être ou un autre pénètre ce huis clos, admiré, envié et à tous les coups, intrigant.

À l'invite de mes parents.

La sœur de mon père, Antoinette, demi-mondaine ironique, indépendante, forte de son hôtel particulier à salle de bains de marbres et robinetterie dorée, de son salon Versailles à harpe dorée et miroirs baroques, de son portrait par Van Dongen, et d'une réputation sulfureuse, grande brune que ma mère jalouse. Elle peignait, elle chantait. Elle jettera un été ses bijoux dans les arènes de Bayonne, pour les beaux yeux d'un Dominguin. Sud-Ouest relatera le fait, mais fera vite paraître un rectificatif, les émeraudes en question étaient fausses. Je l'adorai, elle me ravissait, ses fêtes de Noël, où toute la famille de mon père venait envieuse, admirative et hypocrite, m'ont éblouie. Je rêvais de vivre chez elle. Une ou deux fois, nous sortîmes ensemble dans la rue toutes deux, et je le jure, l'air qu'elle respirait n'était vraiment pas le même que nous.

Et c'est insensé que dans cet univers ultra cadré, j'ai pu être laissée comme proie, être amenée à jouer, à jouer si bien, alors du haut de mes cinq ans, si heureuse, que je sois devenue le jouet, d'un jeu enfantin, puis sensuel, moi comme objet dans une intimité, une proximité qui m'a tout d'abord enchantée, dans un grand secret et ses murmures. Comme si les adultes, mes parents, ma mère - toujours à me contrôler, me surveiller, m'enfermer- avaient pu ne pas voir, ignorer ces longues soirées cachés à deux, chez eux, dans le noir, et ce qui pouvait en découler entre une petite fille mal aimée de cinq ans et un garçon de douze ans, filleul de l'un de mes parents.

Moments émouvants, mouvants que j'ai ressentis, espérés, et qui se sont vite éteints

Jeu trop risqué pour le jeune prédateur qui a arrêté les frais de ce qu'il croyait, à tort, indicible. Il n'avait pas prévu une telle béance et obéissance de ma part probablement, et a dû pressentir qu'il fallait mieux ne pas ouvrir plus loin la boîte de Pandore.

Je ne lui en ai pas voulu, car cela a été en fait la seule étreinte de toute mon enfance. Je ne me sens pas traumatisée du touche-pipi. J'ai été trop bien dans ses bras.

Car quand on est pauvre, mal aimée, on se réjouit du peu qu'on a, même abusée.

Tout cela. Et aussi :

Un jour, quelques années plus tard, dans un hôtel helvète durant un séjour estival, seule occupante et perdue dans une chambre, j'ai hurlé toute la nuit, toutes les nuits, sans qu'on réussisse à me faire taire, inexorablement, sans arrêt hurlante.

Les voisins mécontents, la direction de l'hôtel fort contrariée, le directeur me sermonna, rien n'y fit, je hurlais toutes les nuits, et ma mère obligée de se lever et de rester à mes côtés. Enfin.

Mon père hurla, ma mère tapa, rien n'y fit. J'avais sept ans peut-être.

Alors, on prit la belle Aronde, par une journée d'été dans les Alpes, et on m'amena visiter un home d'enfant, une pension rigoriste des montagnes, pour m'y laisser

Ce qu'on n'avait pas l'intention de faire vraiment : est-ce que les bourreaux libèrent leur victime ?

Et nous repartîmes, moi silencieuse, apeurée. Mes parents triomphants, exultant de leur stratagème et de leur mise au pas de cette enfant misérable.

Et c'est mon seul regret, de ne pas avoir su que c'était ma chance et de ne pas l'avoir saisie, de ne pas avoir fait des pieds et des mains pour qu'ils me libèrent en me laissant là pour de bon.

Je n'ai jamais plus hurlé de mon enfance après ce jour-là, c'était fini.

Après un historique pas si bref,
comment la sagesse vient à la femme

Franchement jusque-là, 2014, j'avais fait au mieux de ma vie et dans ma vie, pas la peine de se flageller. Vu d'où je partais, d'où nous partons tous, avec des musiques différentes, on devrait dès le départ s'admirer et s'aimer davantage. Et se congratuler.

Ça nous mettrait de bonne humeur, ça éviterait d'attendre des autres ce qu'ils ne peuvent nous donner. De louper des marches, en regardant autre chose, sans intérêt. Nous serions satisfaits de nous, indulgents de nos difficultés, gentils avec nous-mêmes. Et donc plus gentils avec les autres.

J'avais fait au mieux, pas parfait, je le reconnais, mais de la seule façon que je savais faire, en force. Les dents serrées et la tête haute. Trop dans l'effort.

Sans jamais accepter, renoncer, lâcher prise. Ah non, ça jamais !

Contre vents et marées. Me battre, ça je savais faire.

Colère, tristesse.

Joie : peu. Célébration : pas beaucoup ou souvent factice

Et je m'apprêtais, à mon corps et mon esprit, encore défendant, à revisiter tout cela alors que la vie décidait pour moi de l'épreuve.

Mais cette fois, je l'ai, non plus affrontée, mais juste traversée, riche de qui j'étais et ce que je savais déjà.

Cette épreuve, brutale, m'a mise à terre, une dernière fois.

J'ai instinctivement su, très vite, que j'étais libre de la peindre à mes couleurs, de lui insuffler mon tempo et de la faire mienne, avec la conviction absolue que j'en sortirai unique.

Enfin capable de laisser mes parents à la responsabilité de leur seule existence, et de me saisir de la mienne, pour mienne et uniquement mienne, bonne, à accueillir et à réinventer. Être.

C'était reparti pour un tour gratuit. La voix du corps, la voie à suivre. Apprendre à vivre, aimer vivre, il était temps. Félicité.

Gisante, pour commencer. Recommencer.

IMPUISSANTE

L'incapacité est une petite mort sociale.

D'abord on n'y croit pas, impossible d'être privée de ses fonctions élémentaires, de son autonomie de base, de son indépendance.

Ce n'est pas vrai, ce n'est pas possible, cela ne va pas durer, ce n'est pas moi.

Même pas inquiète du diagnostic des médecins, c'est un test, un essai, un passage, un mauvais feuilleton transitoire.

Je n'ai pas du courage, j'ai du déni, un déni si fort, si certain que le dire médical ne m'atteint pas.

La fatigue, le choc, les médicaments, je n'ai d'abord pas compris ce qu'on m'a annoncé, puis j'ai compati à cette histoire d'une autre que l'on me racontait. Oui, j'avais passé quatre jours en réanimation, et ça y est j'étais dans l'hôpital « normal ».

La réanimation me hantait encore. Violente. Elle m'obsédait. La naissance de mon incapacité. Les nuits profondes de la réanimation, où la chimie et la fatigue se conjuguent en cet état, de peur, de dépendance, de soumission et d'innocence presque. Où une main - qui soulage- est interprétée comme un geste d'amour, où une information, où un mot ont la valeur d'un serment, où la sonnette ou la pompe à morphine entre mes doigts est un Graal auquel je me raccroche.

Les passages de ces soignants, êtres tout puissants, ballet bien réglé des protocoles dans le drame humain. Je les regarde avec intérêt. Tant qu'à être là, en tirer la moelle du comportement. Apprendre, un réflexe intrinsèque de survie chez moi. La réanimation, c'est ne plus avoir de corps, juste un esprit qui virevolte autour d'une masse de chair meurtrie, anéantie, qui ne sait pas ce qui lui arrive et qui a perdu toute autorité. Et on s'en fout. C'est comme cela que j'imagine la mort, l'esprit est là, et le corps à côté.

Sauf que là, le corps n'était pas éteint, juste inerte, déformé, gonflé, fiévreux, je m'étouffais dedans, mon cœur battait bruyamment et brutalement, j'étais des veines et des chairs, mais sans vie, sans animation, j'allais simplement mourir si on n'y prenait pas garde, en ce moment-là.

Baudruche abrutie, abêtie, et pourtant l'esprit en alerte, mais étrangement calme, fataliste.

Le corps en effraction de toute part, sondes, perfusions, cathéters, moniteurs.

Une nuit, deux nuits, trois nuits, je ne sais pas.

Pourquoi le temps aurait-il été comptabilisé comme à la normale quand j'étais si éparpillée, alors même que l'espace était lui aussi indescriptible, aussi informe que le temps ?

Du bruit, des chuchotements, du silence, des alarmes.

Seule, mais dans quel endroit, où est mon lit, où sont les portes, où sont les fenêtres, d'où rentrent-ils, comment sortent-ils, où suis-je dans ce vaisseau étrange où l'on m'a déposée ?

Où, intubée, je ne parle pas, je ne peux plus parler, mais on sait me comprendre dans mes besoins si basiques. On me donne une petite tablette et un stylo pour griffonner

La réanimation, un des rares moments de total isolement, la solitude allait pouvoir commencer.

On a décidé de me ramener au monde.

C'était le jour, plus la nuit.

Le jour, je ne sais plus lequel, un jour.

Et Dieu créa le verbe.

L'état larvaire me suffisait, surtout que j'avais compris avoir subi l'atroce, la peur ultime.

Des milliers de peurs avaient peuplé ma vie, et plus particulièrement celle d'étouffer, de sentir ma gorge se remplir et exploser avec moi. Peur de l'eau aussi.

Non, avait dit le chirurgien, on ne se réveille jamais intubée.

Sauf que là, depuis deux jours, sur ce catafalque, c'était bien intubée que j'étais, commençant à peine à communiquer avec une ardoise et un stylo comme en maternelle. Au vu du grand succès de mon opération, le chirurgien préférait me garder « en l'état », sous le coude !

Pas vraiment gênant, vu l'état de mes sens, mais à condition qu'on ne me touche plus, plus du tout.

Et voilà que leur venait l'idée absurde de me désintuber, quelle horreur, envahir ma gorge, la dépecer et en arracher dieu sait quoi.

Ça marmonnait que c'était pour demain. J'étais là perdue, impuissante, épuisée et on décidait pour moi d'un nouvel outrage à mon corps, une attaque de mes peurs les plus folles, une folie de mon esprit.

Je leur aurais bien dit mon refus, opposé mon veto, je me serais bien déclarée intubée à vie, que cela vous plaise ou pas.

Mais ubuesque, je ne pouvais dire, ni être entendue.

Par contre, perceptions intensifiées, j'entendais TOUT : les chuchotements, les préparatifs, les plannings, les secrets, les murmures. Et avec l'aube naissante, en catimini, à côté, cette eau qui coulait sans fin.

Parce que, quand même, ce n'est pas parce qu'on est intubée, qu'on est une buse, on ne va pas me faire croire qu'on désintube comme cela, comme on décapsule une bouteille, comme on retire un gant.

Parce que je sais que tout cela, ça s'accroche en moi, ça tapisse ma gorge et mon larynx, ça s'infiltre dans mes poumons, et que ça ne va pas lâcher comme cela, je suis envahie ; et si on me retire cela, je vais tout voir sortir de moi, être vidée comme un lièvre, dézinguée, écorchée, organes arrachés, muqueuses explosées, dans une souffrance inextincible.

Je suis en danger, en grand danger, ils m'ont eue sur l'arthrodèse, et là, je suis à leur merci, ce sont des sauvages, ils ne veulent pas avouer qu'ils vont me tuer, me dépecer de l'intérieur.

L'eau coule, pourquoi ? L'eau ma pire ennemie, moi qui ne mets même pas la tête sous l'eau sous ma douche, l'eau qui noie, obstrue, inonde, se jette et remplit le moindre recoin.

C'est cela, c'est un bain, un baptême mortel, la désintubation se fait dans un bain, je vais me noyer, étouffer, mourir, c'est le seul moyen d'ôter ce truc dans mon corps. Ils vont m'immerger, et quand, cette chose et moi, nous nous débattrons pour sortir de l'eau, il y aura une telle violence que, peut-être, cela jaillira de moi, me libérera ou m'anéantira. M'anéantira plus probablement en une expulsion ultime.

Je ne veux pas, j'ai peur, je suis terrifiée.

Je vois cette immense baignoire carrelée de blanc qui se remplit à côté pour moi, c'est une baignoire immense, il faut bien cela. On n'en parle jamais avant. Les gens seraient morts avant que d'atteindre l'eau s'ils savaient.

Je ne peux les laisser faire cela. La douce aide-soignante, qui m'a parfois parlé, est revenue, il faut lui dire, s'en faire une alliée, arrêter cette machination infernale.

J'écris : JE NE VEUX PAS DU BAIN Quel bain ? À d'autres, je sais JE SAIS LE BAIN quel bain LE BAIN QUE VOUS PRÉPAREZ À CÔTÉ il n'y a pas de baignoire JE L'ENTENDS pour quoi faire une baignoire POUR ME NOYER POUR POUVOIR DESINTUBER ne vous inquiétez pas je vais appeler l'interne.

Alors ça, ce n'est pas fait pour me rassurer, elle, ça va, elle est honnête, mais lui c'est le blanc-bec pédant, imbu de lui-même et de son mètre cinquante.

Il arrive, droit dans ses bottes : alors ma petite dame, c'est votre imagination qui vous joue des tours.

NON JE SAIS mais on ne vous met pas dans l'eau pour vous désintuber SI JE SAIS mais non, faites-moi confiance NON non ? NON JE N'AI PAS CONFIANCE il est interloqué, lâche l'affaire et tourne les talons.

Je l'ai eu, je reste intubée et on ne me noie pas. Pas à nouveau.

Tout s'apaise, on va rester comme cela. Jusqu'à ma mort.

Plus tard, passe un médecin sympa, on taille une bavette, en fait surtout lui, je suis toujours intubée, le discours est de mon côté toujours absent !

Il me dit qu'on va le faire ensemble, si je le veux bien. Là. Maintenant. Si je veux bien ouvrir la bouche et expirer quand il va me le dire. Je ne relève même pas le terme expirer. Je ne suis pas sûre qu'il ait de l'humour. Je le regarde.

Longuement. Nous me désintubons, lui et moi. Franchement déplaisant, mais fini.

Un blanc. Réanimation finie. Revenue en hôpital « normal », je poursuis l'investigation chambre 307, puis 310.

Je n'ai pas vécu en conscience complète cet état comateux, embryonnaire, des premiers jours d'hôpital. Alitée des jours entiers, je passais de lit de douleur à des lits plein de merde, uniquement concentrée sur mes intestins, intolérables, bloqués, congestionnés. Les vider et tout reprendrait son cours. Charriée par la merde, cette infâme farce s'arrêterait.

D'ailleurs, rien n'était vrai dans cette chambre d'hôpital où tout le monde me souriait aimablement comme à une imbécile. Les visites de mes très proches étaient aseptisées, réduites aux acquêts de cette position immobile. J'étais devenue un objet immobile, immobilisé, intouchable ou si peu.

Me toucher, mais toucher quoi, sans jambes, sans pieds, sans fesses, le dos engoncé dans une coque, détruit par la vivisection du scalpel, fragile et momifié. Ne vivaient que mes yeux. Mes mains peinaient à saisir le moindre objet, même si tout était ramassé pour moi sur les 50 cm^2 d'une table roulante.

Le reste du monde, l'espace n'existaient plus. Sans mouvement, il n'y a plus ni perspective, ni devant, ni arrière, ni côtés, ni angle mort ou pas, juste cet endroit frontal que je pouvais accrocher du regard.

De ma fenêtre, il n'y avait plus de vue, mais un paysage figé, permanent, parfois traversé de lumière.

Les placards n'avaient plus ni profondeur, ni longitude, mais pour seul contenu ce que saisissait le regard ; et mes affaires appartenaient désormais aux mains des autres, les pourvoyeurs.

Rien n'existait plus vraiment.

L'ahurissement a été une aventure en soi, et comme toute aventure, cernée par un environnement non ordinaire, il y a eu dans ces premiers jours des moments de quasi lyrisme, ces moments si intenses qu'on en oublie qu'ils sont dus au bourreau. Il y a eu des jours comme cela, et parfois ces jours-là me semblent avoir été moins difficiles que certaines journées où, plus tard, il me faudra reprendre ce qui me reste de vie, en me souvenant de ce que j'ai su faire, avant.

J'ai presque été heureuse, émerveillée.

Par la présence des soignants.

Par deux, pour éviter la fusion avec le malade, peut-être. Garder la distance, on les comprend, tous les jours, rencontrer la souffrance, le chagrin, c'est laminant et on doit pouvoir s'y perdre. Et ces malades qui attendent tout d'eux, comme si leur vie se réduisait à la chambre 310. Sans vouloir savoir que ce soignant a la grippe, un enfant difficile, un conjoint amoureux, un banquier, bu la veille et n'en peut plus des astreintes de dernière minute.

Être là et ne pas être là, trouver la distance. Toucher une main, on leur interdit de masser. Ce n'est pas professionnel de masser, et ce n'est pas dans le protocole des soins pour lesquels ils sont rémunérés. Et aussi transgresser le protocole, à un moment, à l'instinct, à l'humain. Masser tendrement une gorge nouée, caresser une main, s'asseoir en amenant deux thés et des biscuits pendant vingt minutes, avec moi, vraiment là, et même une fois, pleurer, pleurer longuement avec moi, pour moi, pour nous. Mon amie.

Disparue à la relève, soir et matin.

Et j'entendais tout ce que je n'étais pas censée entendre, et se révélait à moi ce petit monde de l'hôpital et ses turpitudes, ses petits chefs, et ces petites mains, cette appropriation de son patient comme sien, celui sur lequel on règne le temps d'une garde.

Ça c'était ma première impression de cet univers inconnu, je leur étais soumise, à leur volonté. Peu à peu, cela s'est avéré plus complexe et moins simpliste. Sans un cadre rigoureux, la machine ne pourrait fonctionner. Et moi guérir.

EMMURÉE

Première rencontre avec moi-même.

Mes premiers souvenirs n'ont été qu'un ventre, telle une baudruche

Puis plus rien. Puis mes jambes, mortes, inertes. Pas plus affolée que cela, je n'étais même plus sûre qu'elles m'appartiennent.

Et mon esprit qui allait de l'un aux autres, libre.

Et on m'a dit ça va être long, lent. Peut-être pour rien.

Et ils sont repartis tous. Jacques à la maison, les médecins ailleurs, les soignants dans une autre chambre.

Et moi, dans ce lit, je ne pouvais plus rien éviter, ni rien fuir. J'étais là.

Dormir. Au réveil, j'étais toujours là. Corps impuissant, sans mouvement, sans action. Poser, pauser, reposer. Rien.

Les émotions déferlent. Peur, chagrin, colère, en boucle. Impuissance.

Objectivement je ne peux rien faire, je ne peux plus faire.

Des journées et des journées, des nuits et des nuits.

Rien que je puisse vouloir, ni éviter, ni fuir.

Ma vie mode d'emploi ne sert plus à rien. Paraplégie.

Je vais devoir apprendre. Je l'espère, remarcher.

Rien n'est comme avant.

Mon corps n'existe plus, je ne peux plus compter sur ma monture.

J'attends.

Faire face, apprendre, tout réapprendre de mon corps.

La révélation de mon réveil, cela a été d'intégrer mon corps et de guérir avec lui.

Sur ce chemin initiatique, après la crucifixion – opérée et béante pendant neuf heures une première fois, puis réopérée pendant quatre heures, la moelle épinière, qui commande les jambes, lésée, et ouverte de la nuque aux reins - et avant une éventuelle résurrection, il y a eu une descente de croix.

Avant de tenter de me réparer, il a fallu d'abord protéger mon corps brisé, l'enveloppe qui en restait, désormais si fragile. Le corps chosifié.

J'étais transpercée de deux tiges de titane de haut en bas, bardée de vis sur la totalité de mon dos. D'où leur peur de me casser davantage, perceptible chez tous les soignants depuis que j'avais repris connaissance, qui était devenue vite, instinctivement aussi ma peur d'être brisée. Je sentais leurs craintes et elles donnaient le LA, amplifiant les miennes.

J'allais vivre plusieurs mois dans un moule, un corset de plastique dur, qu'on scellerait chaque jour dès qu'on me lèverait, comme une armure autour de moi. Accroissant mon sentiment d'isolement.

Il fallait le construire, ils s'y sont mis à dix, soudés dans l'effort et suintant l'angoisse de tous leurs pores, bien qu'ayant fait ce geste des centaines de fois. C'était vital que je sois corsetée, la condition sine qua non de la vie à laquelle j'allais devoir faire face.

Ils m'ont transportée, un matin, dix jours après l'opération, dans une salle de plâtre, glacée et glaciale. Comme le Christ descendu de la croix, ils m'ont portée, supportée, nue, tremblante, pétrifiée. Eux juste concentrés sur les gestes à accomplir, le plus vite possible, le mieux possible, en espérant éviter tout accident fatal, toute chute.

Ils m'ont entourée tout le buste de bandelettes froides et bardée de plâtre. Un tenait ma tête, deux maintenaient de chaque côté mes épaules et mes bras, deux autres soutenaient mes omoplates, le sixième, ma taille, d'autres géraient mes jambes. L'orthopédiste enroulait les bandelettes, autour de mon corps, les vingt mains se déplaçant pour, et me maintenir, et le laisser faire, puis il me couvrit de plâtre qu'il réchauffa. On me reposa en partie sur un brancard. Puis il découpa à la scie le plâtre, moi dedans, lui tendu à l'extrême. Et on me décaissera, désincarcèrera. Très doucement, pour me reposer exténuée. Enfin dans la sécurité du brancard. La tension baissa dans la pièce.

Le chemin de croix.

Le jour suivant, on passa à la phase table de verticalisation, tout autant symbolique.

L'opération m'a redressée, je suis droite, grandie, mais je ne peux plus me tenir debout.

Quel intérêt de vivre ainsi des heures durant, chaque jour, sanglée sur une table de massage inconfortable, dans une sorte d'immense réfectoire des corps esquintés.

Les pieds reposent sur des cales, les jambes sont attachées, en fait je suis attachée de partout, et la table doit se redresser, moi avec. L'horreur. Le mouvement est infime. Infime et violent.

Après deux mois en permanence allongé, le corps ne connaît plus que le zéro degré de l'alitement, le sang ne circule plus, les pieds, qui n'existent plus, n'ont plus frôlé le sol, les muscles ont disparu. Verticaliser, c'est me redresser à 90 degrés. À la position debout.

Peur pour moi, il ne faut pas que je tombe, que je m'effondre comme une poupée de chiffons. On va y aller lentement. OÙ ? Te relever, retrouver ta verticalité. Ça va être lent. Ce mot que je n'imagine pas. Et lent, c'est vraiment lent.

On me met entre les mains la manette, deux boutons, vers le haut debout, vers le bas allongée. Je ne veux pas la prendre, je suis morte de terreur. J'ai l'impression que si je touche à cette manette, je vais tout confondre et m'exploser contre les murs, le plafond. C'est la peur, ma peur que je rencontre enfin.

Je suis envahie par la terreur, dans mon corps, par mes poumons, inondés d'oxygène, haletants, par mes yeux inquiets, interrogateurs, anxieux, par ma gorge serrée, acide, par mon œsophage qui me brûle, par mon cœur qui bat la chamade. La peur pure. La peur des peurs. Des bribes des jours juste passés surgissent, m'infestent, s'amalgament à la peur au présent.

Peur de tomber, tomber de la table, du lit, du brancard. Et le corps qui lâche, absences, nausées, vertiges, pertes de conscience, le blanc, le froid, la faiblesse.

On essaie de me rassurer. C'est normal. Mais je les sais sur le qui-vive, inquiets, on surveille ma tension, ma respiration, mon oxygène. À la moindre chute de celles-ci, on me branche, on arrête, on stoppe. Et je demeure, en attente, en apnée, terrorisée, tétanisée.

Et au départ, on n'a pas parlé de séances, juste de quelques moments, voir des instants sur la table, une fois ou deux fois par jour, sous surveillance intense, quelques minutes dans un océan de précaution, dans un univers où on me transbordait comme un cadavre, où toute nouvelle manipulation était organisée comme un convoi d'urgence.

On me redresse lentement, degré par degré. Et à cinq degrés, c'est de nouveau le vertige, la chamade. On redescend. Sans terre, sans pieds ancrés dans le sol, le cerveau disjoncte, sans réalité, sans repère. Je ne sens plus mes jambes, mais mon corps chavire. Et je supplie d'aller doucement, de revenir plus allongée, d'arrêter.

En même temps qu'on augmentait l'angle, on découvrait les déformations des jambes et des pieds qu'on tentait d'enrayer à coup de poids et contrepoids

Leur véritable ambition, c'est soixante degrés, il faudra plus de deux mois pour y parvenir et le supporter. Des semaines, la table a oscillé, entre rien et pas grand-chose, et c'était déjà si dur, si épuisant, si vertigineux. Puis un jour, le même trajet minimal s'est fait sans assistance respiratoire.

Ce corps, que je n'avais jamais écouté, dirige, exige. Il s'exprime avec violence, par tous mes organes que je découvre, par mes jambes et mes pieds, lourds, morts, inanimés qui se tordent comme ceux d'un pantin désarticulé. Et il est impossible à dominer. Il ne m'obéit plus, il ne progresse pas, il ne se répare pas, il ne se cicatrise pas, sa guérison n'est pas certaine. Il peut rester ainsi. Paraplégique.

Le temps qu'il va lui falloir ressemble à une noyade, on parle de mois, on parle d'années, sans garantie aucune. C'est lui mon boss désormais.

Puis, apprivoiser l'espace qui n'est plus infini, et des capacités limitées.

D'abord manipulée, portée, déplacée en force par les autres, toujours harnachée comme Jeanne d'Arc, j'ai appris à ramper sur mon lit, à mobiliser mes bras pour me redresser, pour manier mes jambes, à me caler presque assise, à me faire glisser d'un lit à un fauteuil, puis à une table de rééducation.

Ma vie est devenue ce que mon corps pouvait supporter. Uniquement. Et on ne le créditait que du champ d'action possible, étriqué, fragmenté, réduit avec la paraplégie.

J'aurai volontiers accepté des efforts forcenés, des séances héroïques. Mais mon corps n'était pas partant. Le peu que je tirais sur mes bras, me les laissait défoncés, enflammés, forcés au repos. Je n'étais pas capable de faire rouler seule mon fauteuil. Mon dos, même corseté, se raidissait au moindre choc, mes épaules, mes omoplates, détruites, anémiques, ne pouvaient même plus soutenir, seules, ma carcasse. J'étais limitée à de petits efforts, mesurés, de petits poids, de petits gestes.

Et tous les deux jours, on testait mes jambes. On mesurait l'énergie de mes muscles ou plutôt son absence, muscle par muscle, dans toutes les positions. Pour faire un état des lieux catastrophique, avouons-le.

Je ne pouvais plus fuir. Même si je disais Lève-toi et marche, ça ne fonctionnait plus comme cela. J'étais dans le tunnel, et ce coup-ci, aucune envie d'y rester. Si je ne retrouvai pas la foi, j'allais être dissoute dans le handicap, remisée.

Oui, il y a eu en arrière-plan des tentations de rendre les armes, de lâcher l'affaire mais moins qu'on ne l'imagine.

Lit prison, des barrières.

Un enclos isolant.

Aucun autre corps enlaçant ou enlacé, serré, rassurant près du mien. Je suis parquée sur ce boudin infâme qui se gonfle et dégonfle selon un rythme de respiration capricieuse, me berçant mécaniquement car il ne me reste plus que cela, la mécanique d'un mouvement perdu. Et ce bruit, cette soufflerie permanente, lancinante qui a envahi mes jours, et surtout mes nuits, et rythme implacablement la brume qui me tient lieu de vie.

Je gis depuis des jours dans ce pré carré où nul ne me rejoint, livrée aux soins, toilettes et autres, lavée, protégée, palpée, examinée, nue ou à moitié nue, habillée, déshabillée, savonnée, rincée, toujours allongée, toujours gisante.

Traînée dans un lit douche, nue, vers la salle des douches, au jet, allongée comme toujours, impotente.

Plaisir de l'eau au début mais aussi tant de fatigue, et la rage qui remonte d'être livrée à l'autre jusqu'à mon intimité.

Les couches, bon des protections, mais ce sont bien des couches, des couches que l'on me fait porter !

Mes bras qui ne peuvent plus enserrer personne, ils ont compris déjà exactement le peu d'accessibilité qui est la leur, ils savent gérer par proximité les maigres possessions vitales.

Mes bras se battent pour garder à distance atteignable le stylo, le téléphone, les kleenex, ce que je pourrais éviter de négocier, de demander.

Je sais qu'il faut les conserver dans un espace que je peux atteindre. Et avec eux, mes quelques libertés. Et que ces objets, futiles, sont les clefs du monde. Pouvoir écrire, afin de figer une idée, un besoin, une information qui va autrement s'envoler avant que je la communique.

MON téléphone. Et MON chargeur. Parler, mais peu, et entendre leurs voix. Je n'ai jamais aimé téléphoner, mais quel bonheur, quand la nuit tombe sur Garches, le silence, de pouvoir juste entendre les sons d'une voix aimée, dire bonsoir tout simplement. J'évite les appels convenus qui me font rabâcher les mêmes réponses, qui n'en sont pas, aux mêmes questions. Mais quelle joie que les mots d'amour, de tendresse vraie de mes très proches.

Beaucoup par textos, jolis, tendres, poétiques que je relis. SMS pour organiser, contacter, garder le lien.

Je ne suis pas à la maison, mais je suis encore seule à savoir dans quel placard trouver le chemisier qui s'est caché.

Et je peux écrire assez vite quelques mails, pour reprendre une conversation, donner des nouvelles, en prendre. J'ai beaucoup d'amis, à travers le monde, les missives affluent, et les boîtes de chocolat. Et j'ai envie d'exorciser la chape de plomb qui m'a saisie, le handicap. Je déclare sur Facebook une réalité à la fois terrifiante et enjolivée. Hôpital, handicap, environnement sinistre, mais souriante, pêchue, positive, ravie des visites des miens, ravie de ma première sortie en fauteuil roulant, ravie d'être attachée à une table de verticalisation, ravie. Au moins officiellement.

Et j'ai aussi MES kleenex, MA bouteille d'eau et MES abricots secs.

Pour tout le reste, il faut demander désormais.

Demander, demander, quelle horreur, aucune intimité. Même cette espèce de desserte ne m'est pas reconnue comme un territoire, un espace de mon peu de liberté. « Il y a trop de choses sur votre table ». Mais si c'est MA table, dégage, fous-moi la paix, laisse-moi décider de cet espace, sans tes plateaux, tes bassines. J'en suis réduite à me faire laver le cul et à déjeuner sur le même lieu, sur ma table.

Vomitoire.

Ce lit qui bouge, monte, descend, monte-charge, monte corps, avec le matelas à air qui chuinte comme un métronome, ce lit qui, loin d'être désormais un havre de repos, douceur et de sensualité, accueille pourtant avec avidité ma fatigue, mes douleurs, mes incapacités.

Et l'horreur.

Ce lit où mon ventre s'est tordu de douleur, incapable d'évacuer, plein à hurler, gonflé, douloureux, panique, peur d'éclater, de mourir, envahie de l'intérieur par mes selles.

Ce lit aux barrières duquel je m'accrochais pour, enfin, me vider, seule, honteuse, expulsant une montagne de mon corps, me lâchant sans vergogne, toute honte bue, juste à l'urgence du besoin, me vider tant et tant, sans fin, des jours et des nuits durant, juste obsédée par cette idée : chier à en pleurer.

Ce lit où je gis, confinée, réduite à l'immobilité de mes jambes, allant jusqu'à leur parler, à les supplier de se réveiller, à les faire positionner par d'autres, tenter de stimuler mes muscles défaillants, prête à tout, même à accepter la sensibilité exacerbée de ma peau qui s'électrise, me brûle, se vrille, et les blessures de mes pieds qui se déforment, s'effondrent, s'affaissent.

Le lit où je fais semblant d'exister le soir, à écrire des messages, à téléphoner, à avaler un film, un repas pour pouvoir raisonnablement à un moment dire basta, c'est fini la journée, on tire le rideau, on ferme, on oublie, je n'ai même pas peur de dormir.

Je suis seule avec moi, pas aussi mal que je pourrais l'être si... Si on ne pense pas au temps qui file, au temps qui est passé, au temps qui est perdu, si on ne pense pas à ces moments volés qui ne pourront jamais plus exister, à cette existence prisonnière, à ce que j'ai perdu, à ce qui m'est ôté, à filer dans la ville, à escalader un rocher, à marcher le long de la plage, à danser, à aimer et être aimée, à jouir ou pas, à paresser, à partager avec l'autre une promenade, une virée, une escapade.

Il n'y a plus d'escapade, je suis là dans ce lit, seule option accessible aujourd'hui.

Syndrome de Stockholm - déjà - : je me suis fait des alliées de ses barrières et j'y dépose mes gris-gris à portée de main, portée de main, cette règle absolue qui régit ma vie désormais.

Dans ce lit, je suis triste.

ASEPTISÉE 2.0
30 octobre 2014 – FB ou l'art de positiver

Bonjour mes amis via Facebook, j'ai bien, comme annoncé, été opérée le 15 octobre : chirurgie de 12 heures, la tête en bas, qui m'a conduite en réa pour 5 jours au lieu de 5 heures avec de nombreux problèmes.

Me voilà de retour en hôpital classique avec des difficultés de concentration et de voix, mais plus le plus inquiétant une tétraplégie du bas inexpliquée et on l'espère provisoire

Je suis merveilleusement entourée par mon mari attentif et mes enfants également attentionnés

Merci à Jacques Six, Valentine Six, Éléonore Six et Antoinette Six

Et par certains de vous mes amis de cœur, merci pour tous les mots doux que je vois même si je n'ai pas l'énergie de répondre à tous

Toute ma tendresse à chacun d'entre vous
Je relance la bataille jusqu'à la bonne santé
J'embrasse chacun d'entre vous

GRINÇANTE

Après la page de publicité sur Facebook du 30 octobre, j'ai passé quelques temps à n'en plus pouvoir, laissant à Jacques la gestion des nouvelles officielles.

Jusqu'au jour où il suggéra fermement qu'il était plus que temps que j'assume, à nouveau, mon rôle d'ambassadrice des affaires extérieures de la famille et de moi-même, rôle que j'avais pris en charge depuis vingt ans, et dont l'intérim commençait à le lasser. Répondre gentiment, éternellement aux questions sympathiques et convenues sur mon état de santé de gens, au demeurant pleins de bonté, qu'il connaissait vaguement, et qui, quant à eux, croyaient l'obliger, en oubliant au passage de lui demander de SES nouvelles.

Il était temps que je remette nos pendules, à tous, à l'heure, et que je fasse l'effort de redevenir moi-même, pour mes amis proches, que j'avais habitués à un discours plus distancié, humoristique et réaliste, et avec qui j'avais envie de me retrouver. J'avais une voix, qui s'était éteinte au moment de l'opération, et il me fallut un bon mois et demi avant qu'elle s'élève enfin, à nouveau.

Donc, cette lettre-ci : pour vous en dire plus et tant qu'à faire, dire des bêtises

Je suis encore littéralement sidérée de me retrouver dans cet état, d'être à ce point dépendante

Et en même temps, je ne peux pas dire que je sois désespérée ni que je souffre le martyre. La période lourde a eu lieu, il y a deux semaines, où la cocotte-minute a complètement explosé : j'avais joué le style « même pas mal/tu seras un homme ma fille/mère courage » et boum ! Je me suis retrouvée avec une maousse crise d'anxiété plaquée au lit, étouffant, les mâchoires serrées, pleurant comme une troupe de madeleines. Alerte générale. Jacques, le psy, la faculté : ces deux derniers se sont déclarés ravis - mon stoïcisme les inquiétait plutôt. À croire que je n'avais pas les yeux en face des trous, pour ne pas voir et réagir à cette épreuve, par bien des points, « un peu » terrifiante »

Un tunnel hyper long d'angoisse qui a bien fini par s'épuiser tout seul, avec quelques petites récidives pour ne plus oublier de vivre dans le faillible.

Depuis je m'incline et ça remonte.

Méditation tous les soirs

Les copines passent, et ça amène le vent du dehors

Elles m'amènent les choses légères qui m'éblouissent : une salade d'endives, un avocat, des fruits.

Et c'est délicieux de se savoir autant aimée, et tous ces témoignages d'amour et de fidélité dont vous détenez la palme.

Les journées passent sans que je les voie.

8 h : petit déjeuner de Madame

9 h : lit. On lave Madame : brancard pour la douche divine, malgré que le fait qu'être lavée par un tiers soit un peu interpellant. Ça a été formidable de ressentir à nouveau l'eau chaude et le savon sur mon corps, mais définitivement je suis adepte que ce qui est intime reste intime, surtout passé l'âge de 18 mois, et j'aimerai pouvoir procéder seule à mes ablutions. Le personnel hospitalier est extrêmement gentil, attentionné.

On habille Madame. Habillage et corset : dit comme cela, ça fait très marquise ! La réalité est plus prosaïque : T-shirt à l'envers pour ne pas blesser la peau avec les coutures et plutôt style Jeanne d'Arc - en peu moins… flamboyant - avec mon insertion dans mon corset de plastique blanc moulé scellé de 4 scratchs et un pantalon de jogging sur d'excellents bas blancs de contention

Peu après, je passe à la partie sportive de cette journée de charme :

S'extraire en basculant sur le côté d'un lit trop mou, repter pour relever une épaule et tenter d'arcbouter mon bras encore disponible hors de la nasse.

Puis virer à coup de pied mes propres jambes sur le sol

Et si tout cela a marché, me retrouver assise, en équilibre instable, mais en équilibre tout de même, essoufflée sur le lit

C'est là qu'un ami docker avec un chariot élévateur manque cruellement!

Une si belle aventure, toute en grâce et en harmonie, ne s'arrête pas là, voyons!

Je coince une planche de transfert entre le lit et le fauteuil roulant; et c'est la danse des canards sur les fesses pour passer de l'un à l'autre.

Bien entendu, les jambes ne suivent pas, et c'est là que se découvre toute la grandeur trop souvent ignorée du bas de contention blanc. Le jogging est un faux-ami pour tirer une jambe d'un point à un autre. Le jogging, pour servir de palan, n'a rien trouvé de mieux comme révolte que de remonter jusqu'à l'aine, et la jambe, elle, n'a toujours pas bougé d'un poil - c'est fort incorrect de scinder ainsi les jambes de quelqu'un de son torse (à l'exception des fêtes foraines, et je n'en suis pas encore là!).

Mais l'œil a saisi alors avec pertinence le rôle essentiel du bas de contention, âme damnée du paraplégique. INDESTRUCTIBLE INDÉCHIRABLE

Que je saisis sauvagement entre le pouce et l'index et qui ramène les jambes au bercail en quelques chaloupées

Et là, je passe du statut de grabataire à celui d'handicapée. Ça se mérite.

Et je monte de 10 h à 16 h en Kiné

Mais il se fait trop tard pour vous conter ce soir les délices d'une journée hivernale à Garches

Peut-être une prochaine fois

Je vous laisse sur les exploits du jour:

Ficelée comme un saucisson je tiens une heure à 60 de-

grés la verticalisation sur une table élévatrice. Je tiens assise avec corset seule sur un brancard pendant 30 minutes
sans, ou avant, de perdre l'équilibre

Cela étant dit, je suis inscrite à Garches pour encore
une bonne partie de 2015

DOULOUREUSE

Une petite piqûre pour soulager la douleur, une petite pommade pour atténuer les brûlures. De quoi parle-t-on ?

J'en suis là, Mars 2015, au bout de six mois d'efforts colossaux, brutalement anéantie, laminée par mes jambes qui se crampent, vrillent, brûlent, ma peau déchirée, déchiquetée, à vif, mes pieds qui ressemblent à des ballons, à la fois insensibles et hypersensibles, avec en guise de doigts de pied, des petits boudins gonflés et prêts à exploser, les ongles de pieds exacerbés par le moindre choc.

Depuis deux semaines, je suis envahie de douleurs nouvelles, sournoises, inconnues, indescriptibles, mon corps n'est plus mon corps, n'est plus entier, mais pour sa moitié inférieure l'objet d'une danse de Saint-Guy des neurones, qui m'abreuvent de sensations, toutes déplaisantes, incompréhensibles, indéchiffrables.

Douleurs neuropathiques : le mot a été posé, étrange, étranger. J'en ignorai tout jusqu'au mot, elles ne me quitteront plus, leur dénomination restant toujours aussi mystérieuse que leur origine et leurs manifestations.

Insaisissables, est-ce le muscle, l'os, la circulation, les tendons, que se passe-t-il ? Je ne retrouve aucun des repères pourtant familiers de ma douleur : bras engourdis et explosés à force de compenser, cervicales crispées, dorsaux rigides et durs dans la cage de l'arthrodèse, muscle des jambes incapable de retrouver l'amplitude d'un mouvement, ceux-là, je les connais.

Ce jour-là, je ne comprends pas la douleur : d'habitude, elle est directe, lisible, on a une blessure, une fracture, un déchirement, une maladie, et on a mal. Direct du producteur au consommateur.

Mais là, c'est autre chose, vraiment pernicieux : on a mal, mais en fait on n'a pas mal, le mal est une illusion atroce des neurones saturés, déphasés, en bataille, en vrac.

Bon, ma colonne est droite comme un I, c'était le service minimum pour sévices maximum de cette chirurgie. Mais aléa thérapeutique ou erreur médicale - on ne saura jamais -, j'ai perdu, de la taille aux pieds, toute ma motricité, ma mobilité, je me débats avec un fauteuil roulant qui m'explose les épaules, avec des transferts lit-fauteuil-lit où je me mets minable, et à vivre dans un univers réduit à une chambre blême d'hôpital. Je vis l'infâme depuis quatre mois déjà, en m'accrochant comme je peux, à l'espoir que ce ne sera que transitoire, que je vais peu à peu me redresser, me relever, me lever et marcher.

Je tente de convaincre mes muscles de coopérer, de se réveiller, d'esquisser un mouvement. Mon monde est confiné à des tables de massage élévatrices où on me sangle, on m'élonge, on me brise, on me force, on me laisse pendant des moments sans joie, et chaque degré de verticalisation gagné ou chaque minute de torsion supplémentaire est, à la fois insignifiant, ridicule, mais la seule voie vers redevenir moi-même.

Vie entre parenthèse de l'existence, au rythme imposé par l'établissement, soins, température, tension, piqûres, prélèvements en tous genres, petit déjeuner, toilette assistée, kiné, déjeuner, appareils de rééducation baptisés, avec optimisme, sportifs, visites, dîner, dormir.

Je suis bonne fille, je fais ce qu'on me dit de faire, je m'adapte, mais je commence à voir d'un sale œil toute une série de contraintes. Je garde le sourire, mais il se crispe parfois.

Quand, pour la fois de trop, l'ersatz de thé au petit déjeuner arrive froidasse, ou que le déjeuner défie l'imagination tant les aliments sont lugubres et infects. Quand on vient me dire : on vous pique demain – vrai pour de bon, c'est pour l'exécution définitive cette fois-ci, j'ai envie de rétorquer- et finalement ça ne me fait juste pas rire parce que la plupart des prises de sang ne tiennent qu'à un protocole imbécile de contrôle systématique, dont on n'a jamais le moindre résultat, et que mes veines n'en peuvent plus, roulent, se barrent, et chaque prise de sang vire à la boucherie.

Quand on me colle un petit cachet, sans explication. Et que je me retrouve à vomir. Normalement, Madame Six, on le tolère très bien. Du style, si tu arrêtais de faire ta difficile et de poser des questions.

Et le sport, ah le sport, ça fait envie, et il faut le faire. Adapté à mon cas, pas très ludique, encore une fois seule à s'accrocher à son petit pédalier motorisé pendant des heures.

Je n'ai pas lâché, craqué, enfin pas trop. De toute façon, on ne peut pas lâcher, on n'a pas le choix. Si on veut vivre, et je le veux.

Ça m'énerve ceux qui me disent : tu as du courage, je n'ai juste pas le choix.

Au début, j'étais KO debout – si j'ose dire ! –. Donc, on accepte, les diktats, les examens, les explorations, les tests, le doigt dans le cul.

La bouffe sans choix, ni goût. L'emprisonnement. L'univers limité à la vue d'un arbre de la fenêtre, les jours qui passent sans joie, les proches qui visitent, mais qui repartent, justement insérés dans leur existence, l'amertume, l'attente pour tout et tous – l'infirmière, pisser, boire, manger, un médicament pour soulager momentanément, un diagnostic, être levée, être couchée, être lavée, être habillée.

Et je m'étais peu à peu installé des points de repère dans ce même hôpital. Je me remettais. Lentement.

Et tout s'est effondré à nouveau.

En mars 2015, la neuropathie est entrée en scène. Cette souffrance inattendue, inconnue, indéfinie, dans mon corps de la taille aux pieds, m'a fait disjoncter. C'est insupportable, je ne vais pas supporter. Cela en plus. Ce jour-là de mars, rien ne va plus à nouveau, six mois après mon Golgotha, je me retrouve plantée, perdue, en larmes dans ce couloir d'hôpital, sidérée par la douleur. La psy me récupère, je deviens folle de ces douleurs insaisissables, illogiques qui m'attaquent, lancinantes, permanentes, intolérables, incontrôlables, indescriptibles.

Folle. Je veux que cela s'arrête.

Je ne m'y attendais pas, je poursuivais lentement, si lentement, mon chemin de croix vers une hypothétique récupération de la force et de l'autonomie de mes jambes.

Et là, six mois après, sans préalable, je suis violemment renvoyée dans mes buts par ces souffrances exécrables - neuropathiques -, qui viennent dévorer mes jours et mes nuits.

Et plus rien d'autre n'existe, je ne dors plus, je ne me repose plus, les pensées les plus tristes m'envahissent, je ne sais plus que faire, je deviens douleur.

Réunion au sommet: le diagnostic est posé, pour eux courant familier, pour moi, juste démentiel. Douleurs neuropathiques.

J'ai mal sans avoir mal. Mais j'ai mal à en crever. Mais vous n'avez pas mal, vos neuro récepteurs, votre cerveau vous informent mensongèrement d'une douleur qui ne touche pas votre corps, qui n'existe pas.

Mais ça brûle. Dans votre tête. Non, dans mes jambes, mes fesses, mes hanches, mes reins, mes pieds. Oui, mais rien des antidouleurs habituels n'y fera. Mais alors ?

Alors, il faut agir, ailleurs. Il vous faut un antidépresseur qui mate vos sensations et annihile votre perception de la douleur.

Antidépresseurs, ils avaient déjà songé, il y a cinq mois quand j'avais fait une crise de panique, à me fourguer cette merde, mais un psychiatre intelligent, dûment raisonné par mes soins, en avait convenu : je n'en avais pas besoin, j'allais gérer cela autrement, respiration, hypnose, méditation, en moi.

Et ça revenait par la fenêtre, oui, quelques effets secondaires, minimes, mais vous n'aurez plus de douleurs neuropathiques, on essaie.

Je tente la dose mini, je me tiens au mur, je gerbe, je suis assaillie de pensées suicidaires, je ne vais plus aux toilettes – symbole hautement important désormais chez moi – pas top. Affolé, le médecin stoppe par écrit la prescription. On arrête.

Les douleurs neuropathiques sont toujours là.

Alors ? Une petite piqûre pour soulager la douleur, une petite pommade pour atténuer les brûlures, la rengaine.

Sur le principe pourquoi pas, mais dites-m'en un peu plus long?

On change de sujet et de niveau, il faut l'aide du spécialiste ès-douleur pour me répondre. Souriante, agréable, intelligente, sûre de son coup.

On prononce les mots qui fâchent: Kétamine et Cutenza.

Cutenza, une petite pommade… Les infirmières du quotidien ont l'air embarrassé, c'est mieux de le faire dans l'autre service spécialisé, ils sont outillés, eux.

Ça fait mal? On ne sait pas, non, pas, pas très, ça dépend, c'est variable. Mmm, ça sent l'embrouille.

Les douleurs permanentes d'un côté, minant mon énergie et mon moral.

Et de l'autre, une grosse entourloupe probablement.

On prend rendez-vous, en effet, côté très médicalisé de l'hôpital. Ça ne commence pas terrible, les patients sont isolés, les infirmières harnachées comme pour le virus Ebola, gants, tablier, lunettes, peu d'explications préalables comme toujours à l'hôpital.

Le médecin est sympa et attentif. Le protocole: délimiter d'un trait de crayon les parties à traiter, car entendons-nous maintenant, on l'avoue, ça ne va pas d'un coup de baguette magique effacer les douleurs neuropathiques sur l'ensemble du bas de mon corps, non ça va « lisser » la douleur sur les endroits traités.

Et à l'étal du boucher, on sélectionne les pièces: les hanches dans leur côté dodu, pile et le quart supérieur de la fesse. Comme pour un essayage sur-mesure, on pose à l'essai les bandes, les banderilles, devrais-je dire!

Puis on y va : poche de glace sur les morceaux choisis, un moment, et prête pour l'estocade, on pose le produit, et on protège, on met en container.

Appelez-nous si ça ne va pas. Au début, rien, puis je me trémousse, ça gratte, ça va passer, ça brûle, terriblement, ça ne passe pas, j'appelle, et c'est à l'habitude : personne ne vient tout de suite, puis l'infirmière arrive, je suis apoplectique, et c'est le cas de le dire, j'ai le feu au cul (et je sais déjà que je regrette de ne pouvoir dire cela dans un autre contexte).

On me conseille vivement de tenir - j'ai fait dix minutes - quarante minutes de plus. Putain, je me roulerais par terre, valdinguerais entre les murs si je le pouvais.

Le temps est vraiment lent, la souffrance encombre tout mon esprit, je suis Souffrance.

Quarante minutes plus tard, je sonne à nouveau, à bout, pleurant, et ils viennent avec le remède souverain : des poches de glace. À moi, la réfrigération, la congélation, la cryogénie. Le froid bienveillant anesthésie pratiquement la douleur, elle devient supportable, je respire.

Mais la glace, ça fond. Demander de nouvelles poches, et ça dure deux heures, jusqu'au moment où, ça ne s'invente pas, l'hôpital est à court de glace, une commande bêtement oubliée.

On fait quoi, on ne fait rien et on survit. Heures longues. Retour dans ma chambre.

On verra, parait-il, d'ici quelques jours si ça marche. Merci du voyage.

À ce propos, que pensez-vous de la petite piqûre dont on vous a parlé?

Au seul mot - piqûre-, c'est mon envie de vivre qui fond à son tour : en six mois, mes veines ont crié grâce à force d'être massacrées, déjà qu'elles étaient délicates.

Désormais, je tremble de peur dès la veille d'une piqûre.

Et à chaque fois, c'est massacre à la tronçonneuse, la veine se barre, roule, on me pique deux fois, trois fois, quatre fois, jusqu'à ce que je pousse un hurlement : ça suffit, on arrête. Non, vous n'aurez pas les résultats des prises de sang parce qu'il n'y aura plus de prises de sang. On ne me suce plus, bande d'assoiffés. Parfois, je cède avec un infirmier plus expert en qui j'ai confiance.

Mais la torture pour moi, c'est à dose homéopathique que je peux l'accepter, je sature.

Maligne, et expérimentée, je dis : le produit, il fait quoi, en dehors d'hypothétiquement « lisser » les douleurs neuro – ça y est j'ai choppé leur langage ! –? Euh. Silence sur la ligne.

J'ai une amie, médecin anesthésiste. Incroyable, elle a fait, il y a vingt ans, son mémoire sur la kétamine. Ses yeux brillent, ça va marcher. Toute contente. Ça c'est quoi? Euh en fait c'est un anesthésique très puissant, on l'utilise en petite dose dans les anesthésies, en fait, on l'utilise surtout pour anesthésier les chevaux.

Elle n'a pas dit achever, je le jure. ET ? Il faut partir en confiance, l'esprit positif, en fait, c'est un dérivé du LSD.

Moi, junkie à soixante ans. Ce n'est pas que je sois ou que j'ai été bégueule, je fais partie de la génération des années 80 où le joint, en direct du Maroc, circulait agréablement en fin de soirée ou avant l'amour. J'insiste : c'était quasiment de l'herbe bio à cette époque.

Je dois aussi avouer des souvenirs plutôt sympathiques et oniriques durant mes trois mois de séjour en Colombie, vers la vingtaine, quand des cendriers et des sachets remplis de coke passaient de main en main dans les boîtes de Medellin, et les bars louches de Santa Marta, quand j'ai exploré, cocaïne aidant, les fantasmes les plus joyeux et des voyages inusités, avec tout de même sur place, au moment même, quelques petits désagréments, gratouilles, œdèmes. Mais globalement une parenthèse intéressante.

Sniffer toutefois ce qui avait un côté rassurant, déjà, la piqûre était mon repoussoir. Le retour au pays fut dur, descente, et je me promis – et m'y tins - de ne plus toucher à ce paradis risqué et éphémère.

Mais là, on ne va pas me faire croire qu'un trip recommandé par Timothy Leary va, à soixante ans, se transformer pour moi en promenade de santé, je ne le crois pas un instant.

Si je vous assure, ça va aller !

Bon, et d'un autre côté, ça continue à ne pas aller avec une douleur estimée entre sept et neuf selon les moments. Admirable, quand on décide de rationaliser l'irrationnel. Dès qu'on dit, j'ai mal, on vous répond : échelle de un à dix. C'est vrai, ça résout tout de suite le problème : imaginez seulement que ma forte douleur soit à quatre parce que j'espère qu'on peut avoir beaucoup plus mal que moi, ou à quinze, parce que je sais que je vais en crever, cela va-t-il vraiment changer le sens du divan ? En gros, ma vision basique des choses, c'est que si j'ai mal, je veux juste ne plus avoir mal. Et si possible, sans me faire mal ? Je le sais, j'en demande beaucoup.

Et en plus, si on pouvait essayer de ne pas me faire davantage mal, si vous voyez ce que je veux dire ? Et aussi de ne pas détruire le peu d'organes en bonne santé qui me restent.

Ce qui fait que, par un matin ensoleillé, à jeun, je suis brancardée, encore une fois, de l'autre côté, là où c'est du lourd, mais encore plus lourd, puisqu'on me transfère direct en salle de réveil, celle-là même où j'ai dû me réveiller - peu de souvenirs autres que brumeux et fumeux d'êtres éthérés s'agitant sur moi - de mon opération de neuf heures, six mois plus tôt. Pas un endroit que j'avais envie de revoir.

Les lumières sont électriques, les lits, côte à côte, séparés de pseudo paravents, dans cet espace de hall de gare, d'atelier mécanique, avec des tuyaux partout. Au mur et au plafond, des fresques de couleurs, aux connotations enfantines, me rappellent vaguement quelque chose, et des portes, des sas, des gens calmes et affairés qui parlent en langage codé ou ésotérique.

On fait amie-amie, j'ai toujours pensé qu'il faut bien connaître son bourreau, que le lien social doit primer. Mes bourreaux, des femmes, sont plutôt sympathiques, du genre avec lesquelles on prendrait bien un café, elles ont une vie, des enfants, un boulot. Histoire de dire, on parle : de la place des femmes dans le monde professionnel des hommes. Misogyne l'hôpital, c'est rien de le dire.

Et on y va. Pour la kétamine.

Allongée sur un lit à barrières, bardée d'électrodes comme un poulet de Bresse, grand bond en avant.

Mp3 et musique aux oreilles : je me rends bien compte que dans la merde dans laquelle je vais être si je ne me gère pas avec soin, personne ne va savoir me rassurer, m'en sortir, et que le pire peut arriver.

On pique, la gentille N. est confuse, la perfusion est loupée : j'ai envie de la consoler, c'est toujours comme cela, c'est l'histoire de ma vie. Elle repique, et ça y est, sa perf est posée, une dose d'anti nausée d'abord – ah ! On avait oublié de me prévenir. Et à très vite.

D'abord rien, puis de jolies couleurs relayées par la musique indienne, merci mon mp3 ! Et les fresques s'animent, s'illuminent, virevoltent, se déforment, je tiens des conversations visiblement tout à fait passionnantes avec des ectoplasmes ou je ne sais avec qui, je m'amuse d'un rien, je sautille, je souris, je comprends tout, l'univers, Dieu. Tout va bien. Les infirmiers rutilent, magnifiquement beaux, lumineux, féériques, on s'amuse drôlement, tout le monde est gentil, tout est beau. J'aime la kétamine, et l'hôpital. Je vous aime tous.

Tiens, repasse un brancardier qui m'a amené ce matin, je n'avais pas remarqué que c'était le père Noël, c'est normal, tout va bien, je salue aimablement telle une reine d'Angleterre, les bruits sont agréables, somptueux. En fait, c'est ça, la méditation, le nirvana, le Samadhi : toute la terre et l'existence m'apparaissent limpidement.

Et ça dure longtemps, très longtemps, et c'est bon. Jouissif. J'adore.

Bon dieu, j'ai envie de vomir, je vais crever, qu'est-ce qui se passe, j'ai froid, je pleure, j'ouvre les yeux, les infirmières ont franchement mauvaise mine et l'air épuisé, la pièce est sale, sombre, les lits sont des brancards, et je m'accroche à un haricot, toute bile dehors.

À côté de moi, placide et habituée, l'anesthésiste me dit que tout va bien, que le retour est toujours un peu difficile, que j'ai été absente pendant une petite heure seulement, qu'on va me garder trois heures sous surveillance, au cas où. Tiens donc !

Les sensations reviennent : il est urgent de pisser n'importe où, devant n'importe qui, vite un urinal.

Et on me laisse mariner après dans ma fatigue et ma torpeur avant de me rebrancardiser vers ma chambre officielle.

C'est vrai pendant un mois la douleur a été lissée, pas disparue, juste lissée, moins intense.

On a remis le couvert une ou deux autres fois. Et puis j'ai décliné l'offre, toujours aimablement proposée, de renouveler l'expérience tous les mois.

Outre le danger d'un mauvais flip, intimement convaincue que toute camisole chimique contient plus de dommages collatéraux à terme que de bénéfices à court terme.

Et j'ai vu ma concentration diminuer, ma mémoire s'effilocher, et un soupçon de reddition pointer bien vite le nez après les séances d'injection.

Non merci, je veux Vivre, pas m'étioler dans une avant mort.

Sympa, les mecs, mais je n'ai pas fait tout ce chemin pour cela.

L'avant mort, je suis née avec, j'ai grandi avec. Alors, on va arrêter les frais. Si je voulais m'effacer, je l'aurai fait depuis longtemps, mais moi, j'ai la vie chevillée au corps. Capable d'excès en mode apprentissage à vingt ans, alcool et cocaïne, mais tellement investie par la vie, parce qu'ayant vécu la mort, que je ne vais pas certainement accepter vivre votre euthanasie, même partielle. Je me sens tellement responsable de cette vie, que j'ai finalement choisie, pour et par mon frère, puis au fil des ans, de plus en plus pour moi, et que j'aime. Alors votre demi-vie, vos vies compromises, je n'en veux pas, quelles que soient mes douleurs. D'accord, mon corps est atteint, mais mon esprit est au top, je ne veux pas devenir un zombie abruti, endormi, vaseux.

Je n'ai pas vécu d'enfance, on ne me volera pas le reste de mon existence.

Je vois autour de moi dans cet hôpital la souffrance à l'état pur, des souffrances auprès desquelles les miennes – sur une échelle de un à dix! – font figure de chochottes.

Des vies brisées, des corps meurtris, jeunes et vieux, fauchés, à Garches depuis deux ans, trois ans parce que nulle part ailleurs pour aller, parce que trop de dégâts pour retourner vivre dans la société. Pas d'amis, pas de famille, pas de soutien, pas de fric. Je suis debout, même mal. Pour d'autres, c'est le fauteuil à vie, dans le meilleur des cas. Et ceux-là, certains ont plus de dignité, plus de courage, plus de cran, plus de joie, que je n'en ai dans mon petit doigt. Ils m'épatent, je les admire.

Et c'est pour tout cela que je ne peux admettre de devenir, moi, ce qu'ont dû devenir certains autres, laminés par leurs souffrances, leurs complications de santé, la complexité et les interactions des traitements, l'angoisse. Tous ceux qui n'ont d'autres choix que de subir les neuro n'importe quoi, neuroleptiques, anti dépresseurs, anti parkinson, anti épileptique, anti douleurs, anti tout et anti rien, qui se cumulent, les affectent, les infestent et les laissent la plupart du temps dans de grandes absences – peut-être charitables, mais j'en doute – à eux-mêmes et aux autres. La camisole chimique, la panacée, qu'on vous propose toujours plus ou moins subtilement, omettant de vous prévenir des dommages collatéraux. Oui, parfois pas le choix, mais quand le choix, allez au diable !

Si j'ai choisi finalement la verticalité, avec ses risques, ce n'est pas pour être allongée par les molécules. Bon, une partie de ma vie m'a été volée, un amour ne m'a pas été donné, j'ai été élevée et pas éduquée.

Mais je me suis donné les valeurs que j'ai sues, je me suis dépatouillée pour décoder l'univers, j'ai aimé, j'ai adoré, j'aime, j'ai appris une partie de ce que je ne savais pas, je commence à m'aimer un peu. Et il n'est pas question que le geste excessif d'un chirurgien détruise mes acquis, et que la pharmacopée de réparation de ses erreurs annihile qui je suis.

Je vais faire autrement. Bonsoir la kétamine.

Nouveau set. Rien ne change, tout change.

Ce n'est ni cette vérité, ni celle-là. Ni le passé, ni encore un futur à imaginer. Et il va falloir abandonner certaines parts de moi-même, certaines attentes, certains rêves.

Non que je sois devenue mauvaise ou que je me sois illusionnée sur qui j'étais. C'est juste que le monde a changé, et ma vie, et l'équilibre de nos relations aussi.

C'est le temps du deuil, de la tristesse, de la colère. Chez nous tous.

C'est le temps des dévouements, visibles et invisibles, des injustices, réelles ou ressenties.

Le temps de réévaluer ce qui est et ce qui peut être. Pour moi, pour les miens. Le temps de la fatigue, de l'épuisement, du découragement, où revient l'égoïsme salvateur, parfois.

Le temps où la dépendance se fait lourde pour tous, car ce temps s'étire désormais en éternité. Sans héroïsme, dans la vie ordinaire. Où chacun s'est recréé, après le choc partagé, une vie dans sa bulle, avec des sas pour temporiser les égos et les cœurs à vif.

Bulle d'hôpital, prison et havre, pour moi.

Et le temps où il va falloir revenir au monde et à ma place. À la maison.

Et où, comme chacun d'entre nous, il va me falloir affirmer sans faiblesse et sans lâcheté qui je suis.

AIMÉE SI QUAND BIEN MÊME

Les autres, les miens.

Il est là, présent, fidèle, gentiment, avec la régularité d'un métronome. Sincèrement désolé de me voir ainsi, mais très inquiet de l'avenir.

Il se concentre, s'obnubile sur l'intendance, faire, faire tourner la maison, faire les papiers, faire les courses, faire la lessive, faire faire, faire face. Sans faire, que faire ?

Il est, deviendra, il sera mon meilleur soutien, et je l'aime. Toujours, comme je l'ai toujours aimé, dans les bons et les mauvais jours.

Quand il arrive, aux heures dites, il range ma chambre, sa façon à lui d'être là ; avant même de m'embrasser.

Et il s'assoit, loin, bien droit dans ce fauteuil, bien raide, un arbre solide, mais pris au vent. Mais tendre.

Ne sachant que faire, parfois, mais autant là.

De temps en temps, une main furète mon corps, me tapote, me caresserait bien, mais nous n'avons plus que les yeux et la bouche, pour nous parler.

Il est mal à l'aise avec mes larmes. Car je pleure de tout, de rien, tous les jours un peu, un trop plein.

De douleurs, mais aussi de chagrin, de tristesse, de colère.

Il assure - à ma place -, je ne me suis pas encore aperçue que je n'ai plus de place.

Il est si attentionné le plus souvent, il est angoissé aussi.

Il parle de mon handicap gentiment, puis commence à songer combien sa vie à lui est aussi chamboulée, gâchée. Il me le dit. Il est colère.

Il fait de longues heures de transport dans le froid – métro, train de banlieue, marche ou bus, – tous les jours invariablement pendant les trois premiers mois, il a compté quatre-vingt-huit voyages. Seul.

Il fait tout, et personne ne lui demande de ses nouvelles à lui, c'est vrai.

Il est en colère contre le chirurgien, l'hôpital, on va leur dire, les attaquer. En fait, tu vas lui dire, me dit-il, et moi, je n'en suis pas à ce dire-là. Je suis KO allongée.

Et un jour, c'est parti, il veut me parler, de nous, et surtout de moi. Parce que, de mon absence et de sa prise en main d'une part des taches communes qui m'étaient dévolues, découle son besoin de me dire. Des choses qui remontent, chez lui, de loin, non seulement de notre vie ensemble, mais de tout son vécu avec les autres, avec elles, avec ELLE, et puis avec moi.

Ça, je le sais, je le sens, que se règlent maintenant – où ce n'est pourtant pas le moment – des comptes auxquels j'ai contribué certainement, mais pas seule. Chacun de nous a des bagages lourds, et dans la vie normale, ils sont encombrants mais pèsent « raisonnablement ». Là, je ne le sais pas encore, mais je vais me prendre une malle cabine.

J'ai toujours professé qu'il y avait trois catégories de femmes : les emmerdeuses, les emmerderesses et les emmerdantes, que j'excellais dans les trois catégories. Car telle était ma vie, assumer, contribuer, faire, grandir, sans trop d'appui, me démerder et j'avais trouvé mon compte dans l'existant. J'avais appris si jeune à faire avec et à penser que je pouvais m'en sortir et que cela allait aller.

Et en entendant, tout à coup, une logorrhée d'affirmations me concernant, de jugements catégoriques, d'accusations péremptoires.

Je suis, j'ai été, je ne pourrai plus être, il faut que je me rende compte, tout le monde dit que…

Volée de bois vert, qui revient et reviendra chaque jour, comme sur un clou qu'on enfonce peu à peu. Bam, bam, bam.

On lui a volé sa femme, et sa vie, en me laissant handicapée. Et lui seul. Et la femme dont il hérite aujourd'hui, n'est plus celle qu'il a choisie pour ces mêmes capacités et cette force de vivre qu'il me reproche aujourd'hui, dont il ne voit plus que les défauts.

Donc, on rebat les cartes.

Tu es, je suis difficile, tyrannique, arrogante, exigeante avec moi et avec les autres, trop forte, trop sûre de toi, trop entourée, trop désireuse, pas assez femme, pas assez sensuelle et disponible, dominatrice, je décide, je travaille, trop -, je choisis, je fais ce que je veux, j'organise, j'invite, je ne dis rien, j'ai toujours un avis sur tout, je n'aime pas sa famille, on ne voit que mes amis – il n'en a pas – et d'ailleurs, les filles pensent comme lui.

Je suis sans voix. Je me calme. Je fais appel de toutes mes forces à ce que je sais.

La rencontre amoureuse violente, impérieuse, qui nous a convaincus de nous marier en moins de six mois. Un an après notre mariage, la naissance des jumelles, nous éblouissant. Admiration. La naissance d'Antoinette. Perfection inespérée de la maternité et de la paternité pour chacun d'entre nous. Nos maisons, belles, ouvertes, généreuses, accueillantes, amicales. Nos amis, fidèles, intelligents, joyeux, fêtards. Découvrir tout ce que nous pouvions avec les filles, théâtres, cinémas, opéras, musées, croisière sur le Nil – d'accord Maman on finit notre dîner, mais plus de temple – Sénégal, Thaïlande, Cambodge, Londres, Kenya, Costa Rica, Guatemala, Martinique. Nos fêtes pour n'importe quel prétexte, magiques, anniversaires, passage du siècle, déguisées ou non. Du travail, chacun dans son domaine, avec succès et pas trop de difficultés. 24 ans de mariage avec de grosses engueulades, mais aussi de l'amour et du plaisir, de la joie. Notre amour profond malgré notre incapacité à nous confronter sereinement très souvent. Qu'est qu'il me fait là ?

Là, c'est estocade sur le lit médicalisé de l'hôpital, nos filles. Oui, j'ai avec elles, post adolescentes et jeunes adultes, des discussions animées, j'ai toujours posé la règle, fait respecter celle-là, avec un père souvent absent physiquement en semaine pendant plus de quinze ans de nos existences communes. Il m'avait volontiers délégué, laissée seule à manœuvrer la logistique et le navire, les vacances, les sorties, mon boulot, la vie sociale, le confort de tous. Et quand je fais, je fais bien, à fond, je prends et je fais, sans état d'âme.

Oui, j'ai fait énergiquement. Fait vite et parfois ni diplomatiquement, ni démocratiquement. Objectif : arriver à faire seule, aller droit au but, vite. En même temps, en croyant préserver l'autre, certes, j'ai dû être tranchante, je l'admets.

Ils en ont discuté, lui et elles, nos filles. Maintenant qu'à mon tour je suis l'absente. Et là, je vois que, depuis trois mois, la vie s'est organisée pour eux sans moi, qu'ils ont créé une nouvelle existence basée sur de nouveaux agréments, autonomie pour elles et le manteau du Papa parfait qui fait tout, pour lui. Un mec sympa qu'elles découvrent. Ça, c'est top parce que je trouve formidable ce qu'il assume et qu'il vive pleinement son rôle de père, et qu'il prenne en main ce que je ne peux plus faire. Je n'ai pas la force de gérer quoi que ce soit, je le sais.

J'en suis heureuse. Au moins intellectuellement, même si je ressens cruellement ma nouvelle impuissance. Je les aime assez pour ne pas croire à une éviction.

Oui, c'est bien. Mais, visiblement la maison vit dans un nouvel ordre désormais, et je suis dégradée à la fois dans mon corps et dans l'ordre familial. Et on tue la mère, celle qui tenait le foyer et le protégeait, contre tous les vents et marées depuis vingt ans, disant en riant qu'elle était souvent mère célibataire avec trois enfants du même père. Le passé n'existe plus, on en a fait table rase.

Quand ce fut exprimé, au début, je me suis flagellée de l'ingratitude des miens.

Et puis tout cela n'était partageable avec personne. Il y avait mon merveilleux mari, présent, formidable, vraiment, et quand même, de temps en temps, il me disait des horreurs. Et bien que ce soit lié à la dureté de cet accident de santé, qui avait nucléarisé notre équilibre, même si au fond de moi je savais que ce n'était pas vrai, - pas totalement faux, mais non plus totalement vrai,- je me prenais ses reproches en plein cœur. Avant de pouvoir relativiser.

Bon, que ça évolue, c'est bien, même si c'est un peu dur à avaler, c'est dans l'ordre des choses, je peux lâcher. Et à ce moment-là, dans mon état grabataire, très franchement, tout d'abord, je m'en fous comme de ma première couche-culotte. « Protection » pardon !

Mais vite, le propos est devenu permanent, quotidien : il faut avoir une conversation, tu refuses la conversation, tu n'écoutes pas, tu ne veux pas comprendre, tu ne veux pas changer, ça ne va plus le faire : tous les jours, à l'heure des visites.

Un : je n'en peux plus, deux : je ne comprends pas ce déferlement, trois : ce n'est juste pas la réalité, mais une vision unilatérale, tronquée, dénaturée de nos relations, de notre vie. Ce me semble, en tous cas.

Je n'ai pas été, ni ne suis parfaite, mais je me défais sous la charge des mots qui laminent mon cœur, jour après jour. Il ne voit pas qu'il faudrait arrêter la curée, excessive, injuste et inappropriée.

En fait, il croit que j'ai encore la force d'encaisser ; erreur de casting, je ne suis plus Wonderwoman.

Du coup, je m'effondre chez la psy de l'hôpital avec un trop-plein de souffrances et de chagrin. Trop mal, rien à quoi me raccrocher, je n'aurai pas été celle que je croyais être, je n'aurai pas vécu des moments merveilleux avec et dans ma famille, ils me supportent, je les insupporte, qu'ai-je fait, j'ai cru donner, aimer. Mon mari, mes filles, rien ne va plus. Il ne me reste plus rien. Même pas un bonheur passé auquel me raccrocher.

Pourquoi n'ont-ils pas pitié, pourquoi on ne protège pas la plus faible, pourquoi ce déversoir à ce moment-là ? Ma vie n'a-t-elle été qu'une illusion ? Est-ce qu'on pourrait au moins dérouler un drapeau blanc ?

Je pleure, j'en pleure, les nuits entières, le matin au réveil, le soir en m'endormant.

On me dira les réactions systémiques qu'entraîne, dans une famille, le traumatisme d'un de ces membres, l'émotionnel, le transgénérationnel, et tout le bordel. J'en conviens. Nous sommes tous à vif, chacun tricote et détricote son histoire quand un des membres change de registre, en bon comme en mauvais.

Que tous les membres de la famille sont impactés par le traumatisme. Et que chacun, c'est vrai, réagit comme il peut. Et que tout se confond, se mêle. Papa absent, maman trop forte, reproduits de génération en génération. On reproche toujours aux êtres ce pourquoi on les a aimés. Dans une femme, une seule, se cristallisent les râteaux que l'autre s'est pris, les passifs normaux d'une vie de couple, les non-dits, le manque d'affection de tendresse et d'individualité de l'enfance, l'autoritarisme ou la distanciation d'une mère, un divorce houleux, peut-être, entre autres.

Moi je rage, j'enrage sur l'instant, et j'oublie les mauvais moments juste après, c'est comme cela que je me suis construite pour supporter cette enfance méchante. Et comme cela que je vis depuis. Je ne garde pas les mauvais souvenirs. Je les oublie.

D'autres ressassent et ressassent. Et tout réapparait, massif et omniprésent. Et rien dans ces moments, ne subsiste. L'autre n'est plus, n'a plus, n'a jamais. L'autre n'a jamais su, jamais aimé, jamais donné, jamais rien fait. Je ne suis pas aimable et aimée et aucun amour, aucun souvenir, aucune douceur, aucune image ne viennent adoucir le trait.

Lentement, difficilement, on parlera en séance – une thérapeute est attachée à Garches, fine connaisseuse du handicap et ses réactions en chaine - de mon incapacité à me défendre, accentuée par le choc et la culpabilité du handicap, ma difficulté à dire - liée à mon talent pour trouver le mot qui tue et qui me paralyse car je suis terrifiée de porter ce venin en moi -, ma peur d'être abandonnée, alors réactivée, une nouvelle fois. Ma peur de mourir. Ce traumatisme initial qui a fait que ma première moitié masculine est morte et que je suis en vie. Et que si le masculin m'attaque, moi, coupable dès ma naissance d'être au monde, je ne sais que baisser les bras devant lui, au lieu de me redresser - comme la réalité prend les maux au mot - justement, à ma juste place, pas parfaite, mais respectable.

Être handicapée qui plus est, et s'en vouloir, être honteuse et reconnaissante à ceux et celles qui me tendent la main, à moi, amoindrie, déchue, dépendante. Dépendante aussi affectivement. Je dépends de lui, donc il ne peut avoir tort ! Ou partiellement raison.

Dépendance, horreur de ne plus pouvoir, de ne plus accéder, perte de l'autonomie, perte de la liberté, plus le choix, incapable de faire, de vivre, selon mes désirs.

Et mon existence, mes choix, alors doublement laminés par ce rejet familial, et je suis perdue.

Je ne suis plus respectée des miens, ni respectable, un poids, une charge, plus personne ne me rappelle, ne se rappelle la moindre de mes qualités. Y compris moi ! Il doit forcément avoir raison, je ne suis plus rien, ni femme, ni aimée, ni aimante, ni amante, ni mère, jamais bonne, juste mauvaise.

Il me faudra un an et demi pour retrouver un peu de considération pour moi, certaines blessures sont plus mortelles que d'autres, certains moments catalysent trop d'émotions, et je suis encore hantée par certains mots parfois.

Et le doute s'étant installé, il entache désormais ma joie, et ma confiance absolue en l'amour de mes filles.

Elles, mes belles, voir mes filles à mon réveil, c'était reprendre goût à la vie. Elles m'ont révélé à moi-même, Mère. Ce n'était pas évident pour moi, et c'est devenu limpide, mère, je suis avec joie, légitimité, et gaieté.

Vingt années de bonheur et de fierté immense. Mes soleils, mon univers. Comme dans la chanson, rien de rien, je ne regrette rien. Elles sont apparues, et elles sont notre joie. Et les choix de l'un ont fait que, durant près de quinze ans, il y a eu cette expérience si douce au final de semaines entières en gynécée, rythmées autour des activités externes des unes, maternelle et primaire, et de l'autre, métier intense, dévorant, passionnant, international mais dont les exigences, horaires décalés, liberté de produire à n'importe quelle heure, moyens financiers nous ont permis de confortablement passer de grands moments toutes les quatre. J'ai délégué, avec joie, au père l'hebdomadaire samedi matin et les rendez-vous d'école avec les maîtresses, c'est un très bon père quand il est là, et plus à l'aise que moi avec ces cursus officiels. Tout va bien, je le crois. À ce moment d'examen de conscience, je rends grâce à Jacques de son soutien dans cette vie que nous avons partagée, que je n'aurai jamais connu sans lui. Un homme profondément aidant, entre autres qualités, et nous respections chacun nos complémentarités et nos faiblesses.

Aidant, ce titre qu'il récolte aujourd'hui officiellement, ayant pour femme une handicapée. Je déteste cette appellation. Cela m'atterre, mais je crois que cela l'épouvante, et je le comprends. En nous qualifiant ainsi, le regard des autres met à mal notre couple qui avait trouvé une bonne vitesse de croisière, harmonieuse.

Je ne me suis jamais soucié vraiment de la maison, sauf les courses, et sa joliesse, son esthétique, et les jeunes filles au pair m'ont grandement facilité l'existence, et furent la source pour certaines de rencontres merveilleuses.

Mais la vie, la vraie vie, avec les filles, le baiser du matin, l'attention, créer de la beauté autour d'elles, être la pourvoyeuse d'une vie sans heurt, confortable, mais ferme, pleine de surprises et d'attentions, les parlotes du soir, toutes les quatre dans le grand lit où longtemps, à tour de rôle, l'une restait ensuite pour dormir et partager des papotages avec moi. J'ai vécu la maternité, je suis mère avec passion. C'est l'histoire de ma vie, et je plains ma mère d'être passée à côté. Depuis la naissance des filles, la vie est une existence.

Grand bonheur. Le pilier de ma vie. Les aider à grandir, leur apporter cette attention permanente.

Puis le monde extérieur a développé ses attraits, je n'ai plus été leur pivot, je suis devenue -sans état d'âme- celle qui maintenait le cadre jusqu'à ce qu'elles soient à l'âge de prendre leur envol.

Parfois trop rigide par crainte pour elles, parfois trop permissive ou maternelle, je savais combien cette époque courte familiale peut être ou ne pas être source d'assurance pour le futur. Elles n'ont pas eu faim de quoi que ce soit. Parfois je me dis que ce fut une erreur. Nous nous aimons. Et qu'elles aient pris ou prennent un peu leur distance, avec les âges à deux chiffres, ne m'inquiétait pas outre mesure. J'étais juste un peu triste de devoir en passer par cette épreuve nécessaire, peut-être, de la scénarisation des distances. Il n'y a pas de mère parfaite, et j'avais fait ce que j'avais pu. Et c'est dans cet état d'esprit que je suis rentrée à l'hôpital, pensant perturber peut-être un peu leur confort pour deux mois. Ça les ferait mûrir… Et que le lien entre nous était pour l'éternité.

Je ne peux pas aujourd'hui m'exprimer pour elles, comprendre ce qu'elles ont vécu, quand leur père a parlé de réanimation, d'œdèmes, d'intubations, de cet affreux diagnostic - lésion de la moelle épinière, paraplégie des membres inférieurs -. Qui a su les câliner, les rassurer, calmer leur chagrin.

J'étais absente alors à moi-même et aux autres. Je les avais abandonnées. J'avais failli.

Et cette honte me taraude jusqu'à aujourd'hui. Même si elle est vaine, injuste.

Et en revenant vers le monde du vivant, réanimée, réinstallée, - pour longtemps je ne le savais pas-, dans ce service post opératoire, c'est vers elles que mon esprit est allé avec le peu de clarté qu'il lui restait.

Mon mari, à mon chevet, m'avait ramenée parmi les vivants, mes filles, les revoir, c'était me réveiller de ce cauchemar. Aimée, je vais m'en sortir. Vite

Elles étaient là : Valentine, Éléonore et Antoinette, courageuses, souriantes, belles, visiblement émues et secouées, mais avec pudeur, et je voulais faire déjà bonne figure, même pas mal, même pas peur : oui ça va, ça va aller, vous êtes là, je vous aime et tout va bien, on est ensemble.

Parce que je vous vois, on est ensemble et unies, on va vaincre, nous allons vaincre ; et elles, elles me disent : tu vas t'en sortir Maman, tu es forte, tu as du courage, tu peux tout faire, tu vas guérir. Invincible.

C'est là où je n'ai pas compris les sous-titres, trop anéantie pour me mettre à la place de l'autre, pour réfléchir intelligemment, trop sous l'emprise de ma peur, de mes réminiscences d'enfance mal digérées, dévorée par des angoisses et des attentes basiques qui m'ont ôté tout sens commun. J'attendais tout, j'attendais trop. Je n'avais plus mon flair légendaire pour savoir, anticiper, comprendre et m'adapter à l'autre, pour préserver le niveau le plus bas du dénominateur commun de souffrance.

C'était trop, cette mère dans un catafalque, percée de multiples tuyaux, sondée, lestée de poches urinaires et autres, paralysée.

Ce ne pouvait être Moi pour Elles. Moi, j'étais celle qui se lèverait seule, marcherait seule, en souriant gaiement, riant, entourée, rapidement, sans pathos, j'étais celle qui savait, qui faisait, analysait, décidait, résolvait, se redressait, faisait front, seule, sans crainte, sans dépendance.

Mais Moi, j'étais aussi de nouveau une enfant, l'enfant perdue de mon commencement, une jeune fille apeurée dans un lit trop grand, dans des douleurs étrangères, avec un corps aux abonnés absents, dans un univers hostile, j'étais le maillon faible qu'on va protéger, entourer, chérir. Certainement. Je le croyais. Et j'imaginais que cela allait de soi, sans questionnement possible, d'être celle protégée dans l'affliction, du moins je le crois encore.

Et moi encore, ancienne sauveur systématique, mère courage par profession, épouse non soumise, mais quand même dévouée, gagnante, battante, je n'ai pas imaginé un seul instant que qui que ce soit m'aimant, et me voyant dans ce bourbier, n'allait pas de façon automatique m'en aimer davantage, s'attacher à me soutenir, à m'aider à surmonter l'épreuve et à guérir, et me plaignant, à me réconforter et à m'apporter ce qui m'était nécessaire, et même superflu, affectivement et matériellement, quel qu'en soit le prix. Amour inconditionnel. Illusion suprême, qui me fonde.

MATERNÉE

La réalité, que je commence à peine à respecter, est que l'épreuve était trop dure. Très dure pour moi, mais trop dure pour mes proches.

Me respecter plaintive devenue, victime du sort : impossible.

Mes filles ont eu trop de douleurs, trop de peurs, trop de chagrin.

Elles ont pourtant fait preuve de courage au début.

Venant régulièrement le premier mois à mon chevet d'hôpital, pleines de tendresse et d'intelligence, lumineuses.

Valentine, courageuse, ne montrant rien, seule la première, comme Éléonore n'était pas en France.

Puis Éléonore, émue à son retour.

Je savais l'horreur que, pour des raisons personnelles, représentait l'hôpital pour Antoinette.

Jusqu'à ce soir d'hiver froid, où elle a dû prendre son courage à deux mains, et débarqué sans crier gare, brave, sur la moto d'un copain, illuminant mon soir et ma nuit.

Elles étaient toutes là, mes merveilles !

Puis au fil des mois, effilochage, devant l'ampleur de la tâche.

Quand je suis revenue les week-ends à la maison, en ambulance, fragile et immobile, dépendante de tout et de tous.

Joie, certes, de me voir, mais aussi envie viscérale de me fuir, de fuir la maison avec moi dedans, d'échapper à tout ce qui était intolérable, m'habiller, me déshabiller, même si leur père le faisait à 90 %, me préparer et m'aider à me nourrir, vider l'urinoir, changer les couches pleines, les draps souillés, plus tard me véhiculer en fauteuil roulant, me redresser, me couvrir, me chausser.

Me pourvoir en tout, lumières, musique, boissons, froid, chaud, handicapée handicapante.

Inconcevable à vingt ans. Bien sûr, je le comprenais dans ma tête, mais mon cœur, mes tripes ne suivaient pas. Je me souviens d'une après-midi paisible d'hiver à la maison, elles décidèrent sur le coup de cinq heures, juste avant que la nuit ne tombe, qu'elles allaient faire de courses, et vite, filèrent comme des étoiles dehors, me laissant seule dans le salon, sur mon lit médicalisé, chez moi. Mais si mal, alors si peu « chez moi » dans ma maison. Trop vite, elles envolées, la nuit tomba, pas de lumières atteignables à allumer, j'avais froid, mes pieds s'étaient découverts, le dvd était fini, impossible à atteindre, éteindre, changer, envie de pisser, intense, pas de téléphone à portée de main. Dans le noir, pendant une heure, à ne rien pouvoir faire. Insupportable.

Après tout, il y avait des aides qui venaient chargées de me gérer, me dirent-elles, on n'avait qu'à les prendre davantage. Maman n'a qu'à s'en payer davantage, dit l'une.

Je ne rêvai que d'être réconfortée par mes proches, on me proposait l'assistanat permanent. Qui me mettait encore plus en écho avec la dépendance et le handicap. Des soins, mais pas de l'attention. Une vie rythmée par le service extérieur – je n'en mésestimais pas le soutien et le bénéfice. Mais je ne pouvais me résoudre à n'être plus que cette assistée sociale. J'imaginais une vie plus soudée, une équipe familiale organisée et battante, une complicité pour sauver le soldat Ryan. J'avais tort et c'était normal. Mais j'ai encore de la peine à rajuster mes attentes à la baisse, c'est idiot. Je me fais souffrir et j'exaspère les autres. Ah ce foutu fantasme de l'amour inconditionnel qui m'a fait aller de l'avant un moment, mais qui là, n'est juste plus en phase avec la vraie vie. Trop exigeante envers moi, je ne peux plus l'être envers les autres.

Et elles se sont mises à beaucoup courir quand j'étais là : on n'a pas le temps, Maman, on y va, on a cours, on va boire un pot, on va faire un cinéma, bonjour de loin, directement du premier étage à la porte d'entrée, éviter de m'embrasser, me voir, me regarder, me toucher. Plus de câlins.

Ça n'est pas sexy, une femme qui claudique ou qu'on pousse, avachie dans un fauteuil roulant. Allez rester jolie, les jambes gonflées d'œdème, le ventre gros, les pieds déformés dans des chaussures faussement sport. A-t-on envie de sortir au restaurant ou dans la rue avec une plaintive devant les marches, les pavés, la foule ? Et quand on voit sa mère le visage triste, pâle, épuisée, comment ne pas éviter de la regarder, alors qu'on n'y peut rien ? Pourquoi l'écouter parler d'une douleur devant laquelle on est impuissant ?

Ce n'est pas le malade qui est pestiféré, c'est l'impuissance à laquelle il nous renvoie, la nôtre. Ce n'est pas le malade qui est un étranger, c'est une façon de tenir à bout de gaffe la menace de la maladie et de la mort, qui nous guettent tous.

Et ce n'est pas pour rien, que notre société, ayant en quelque sorte « enterré » la mort et réglé son sort, par le déni, à cette terreur, tient aussi en quarantaine dans un espace humain - mais clos -, proche - mais régi par d'autres règles – ceux que la maladie a frappés. Notre monde est en théorie celui des forts, des riches, et des bien-portants, on tolère les autres, s'ils ne font pas chier.

Des moments ensemble, mais plutôt quand il y a du monde, et mon interaction est plus aisée avec mes amis ou leurs amis. Moins de charge, de douleur, de non-dit. L'intime est trop dangereux à cet âge.

Et des bons moments, mais rares.

Un des premiers week-ends de permission, partir dans la rue, dans ma rue, en chaise roulante poussée par mon mari et mes filles, déjeuner au restaurant, des frites, boire un coup, l'idée que la vie reprend, la joie d'être ensemble, de faire la nique au monde entier. Une émotion vraiment partagée. Une victoire.

Et je me raisonne, il faut en profiter, du bon, c'est ça la bonne voie. Ne vois que cela, ne vis que cela, n'attends plus, arrête la plainte, elle ne sert à rien, elle ne te sert pas, ne rêve pas, vis juste ce qui est, sans attente, sans jugement, sans espérances, et sans désespérance. Je vais y arriver.

Il faudra plus tard toujours cette excuse, un restaurant. Pour être ensemble, je suis devenue prête à envahir tous les restaurants du monde pour ces petits contacts. Ensemble, c'est encore supportable, mais seule avec moi, non. Bon, ce sera pour plus tard, un jour, rions-en. Et buvons. Malheureusement de l'eau. Les traitements m'ont laissé un foie moins festif que mes envies.

Et savoir savourer l'inattendu, inespéré.

Autre premier bonheur : un week-end de permission, en février 2015, je dormais dans le salon, près de la porte d'entrée et de rentrées tardives des unes et des autres. Antoinette rentre, trois ou quatre heures du matin, le pas un peu lourd, j'écoute sans moufter, juste au plaisir de la savoir là, rentrée, au chaud, à proximité, elle va monter se coucher.

Non. Elle avance dans le salon dans le noir, rejoint mon lit, tente vainement d'en ouvrir les barrières, se plante, tu dors? demande-t-elle. Non pas vraiment. Elle peste sur les loquets, elle enjambe les barrières et s'effondre sur moi en pleurant, m'entourant de ses bras. Un peu bourrée, je le veux bien, les chiens ne font pas des chats, elle m'embrasse, oui, elle m'embrasse, et elle me dit: combien cet accident est injuste, intolérable, ses nuits sans sommeil, où elles pleuraient ensemble ses sœurs et elle, ses peurs, son chagrin, je tente de la rassurer, je pleure avec elle, elle continue, tu ne te rends pas compte à quel point tu es formidable Nadalette La Fonta Six, tu es fabuleuse, tu as tout fait dans ta vie, je suis si fière de toi, tu réussis tout ce que tu entreprends, tu vas guérir, tu vas marcher, tu vas revivre comme avant, tu es belle, tu es magnifique, d'ailleurs je l'ai dit à tous mes copains, ma Maman, elle est magnifique!

Merveille de la vie qui efface les misères et qu'on garde éternellement dans son cœur, parfum d'éternité.

Avoir vécu cette magie ensemble, merci!

Nous sommes restées longtemps ensemble cette nuit-là, nous n'en avons presque jamais reparlé, mais chaque fois que je doute de ma vie, c'est un des moments que je ramène à ma mémoire.

Je me souviens aussi des larmes d'Éléonore un dimanche soir sombre et froid de janvier, seule, glacée, raidie par le chagrin, devant la porte, alors que les ambulanciers m'emportaient comme chaque dimanche sur un brancard pour retourner au goulag, des larmes et des sanglots profonds devant lesquels j'étais impuissante, subissant moi aussi ce départ imposé.

Et d'un soir où Valentine, voyant son père explosé de fatigue de me manipuler le week-end, a pris en main mon déshabillage pour la nuit, doucement, respectueusement, sans un mot, sans en faire un pathos.

Si belles, mes filles !

Ensuite dans les cinq mois qui ont suivi, pour des raisons diverses toutes respectables, et aussi au prétexte que je revenais le week-end, elles ne sont pas venues me voir une seule fois à l'hôpital.

J'en ai souffert bêtement. Ma capacité à me flageller est la plus mauvaise idée du monde. Je dois juste arriver à bien vivre, sans attentes.

Parfois, j'ai essayé de dire, de demander, boire un coup à deux au bistrot, une promenade à deux, juste à deux, un thé et un papotage à la maison, une course. Dans la majorité des cas, ce n'était plus de l'ordre de leurs possibles.

Prétextant que je voulais les empêcher de vivre - me le reprochant même -, de vivre leur vie de jeunes adultes, que je voulais empiéter sur leurs espaces de liberté, qu'elles n'avaient vraiment pas le temps, trop de choses à faire, tu me demandes trop Maman, on a vingt ans !

Vingt ans, c'est vrai, jolis vingt ans.

J'ai mis longtemps à admettre que c'était, pour elles, trop de souffrance de voir les miennes, de risquer de se perdre dans l'empathie à mon égard, la peur d'être attrapées, happées, la peur de donner. Elles ne savent pas encore tout ce qu'on reçoit quand on donne, au contraire. J'ai confiance en elles, ça viendra.

En attendant je me soigne seule.

Mais, au fond, n'est-ce pas cela que me demande d'apprendre et d'accepter cette drôle d'histoire ?

Ne plus rien attendre.

Et savoir aussi, que je suis également gâtée, que mon mari m'aime, quoiqu'il dise, que mes filles m'aiment quoiqu'elles fassent ou pas. Leur amour, ne penser qu'à leur amour, et entendre leur fatigue, leur agacement, leurs chagrins.

Me souvenir des amis fidèles venant jusqu'à Garches, illuminer les longues journées. Quel amour autour de moi, quelle compassion, quelle gentillesse, pas sûre d'être aussi gentille dans le cas inverse !

Les lettres, les mails, les messages, s'en nourrir. Les lire, les relire, les revivre. Et guérir des absences qui furent douloureuses, pour certaines

Il n'y a pas de Pierre, ou Paul ou d'autres dont je me demandais ce qu'ils étaient devenus, comme on dit dans un roman

Il y a eu Eux, ELLE surtout, qui ne furent pas là et qui comptaient plus que d'autres, dont je peux au mieux excuser le silence, mais avec tristesse. Et pour certains, certaine, ça a fait du tri, définitif. On dit stop.

EMBASTILLÉE

Ma maison, ce foyer que j'ai conçu intensément, voulu, choisi, organisé, cette caverne qui est chez nous. Paris.

On ne sait pas, parfois, où est la poule où est l'œuf, de la famille ou de la maison, la maison nous abrite et mon clan s'y retrouve.

Tous les petits chapitres de la vie y ont été écrits, s'accrochent à un des murs. Le premier jour, les enfants, petites, l'emménagement qui s'est fait naturellement, chaque chose trouvant sa place comme si celle-ci l'attendait. Grande bâtisse carrée, solide, vivante.

Et les strates de vie, rythmées par ce qui s'y est passé. L'anniversaire des uns, les dîners, les copains, les pyjamas parties, les soirées vidéo, l'arrivée du bar, du billard, du babyfoot. Les rires, la musique, les brunchs du dimanche.

Les fêtes, les nôtres, ange ou démon, cinquante ans, soixante ans, à n'importe quel prétexte, pour nous, avec

des amis, pour des amis, impromptues, organisées, surprise ; les leurs, goûters d'anniversaire, week-end d'anniversaire, puis la boum, la soirée des dix-huit ans, puis
celles des vingt ans dont nous ne saurons plus rien.

J'en connaissais, maîtrisais chaque cm² de cette maison, je montais, descendais, déménageais, rangeais,
modifiais, chez nous, à la maison. De la cave au premier.

En sécurité, je l'ai quittée le 14 octobre, debout,
valide. J'y suis retournée le premier week-end de décembre, pour 24 heures, allongée en ambulance, toutes
lumières flashant dans ma rue qui n'avait jamais vu cela
chez nous. Le spectacle dans la rue : moi gisant sur ce
brancard, exposée à tous, la porte à double battant
grande ouverte pour m'accueillir, livrant aussi notre intérieur aux passants. Effractée.

J'avais une chambre, notre chambre, territoire intime, familier, remplie des gris-gris et autres lares familiers, avec mes affaires, mes vêtements, mon monde.
Une salle de bain, personnelle, pour l'intime.

À l'étage.

Virée.

Le 15 octobre. La sentence, ce fut huit mois à l'hôpital de Garches.

Quelques mois plus tôt, y visitant un collègue Philippe qui avait eu un accident, j'avais plaisanté avec
l'infirmière du pavillon : vous aurez la joie de m'accueillir à l'automne pour les champignons. Perdu encore une fois une bonne occasion de me taire. Effarée

par ce hangar qui tenait lieu de chambre à Philippe en compagnie d'un jeune homme en encore plus piteux état. C'est parfois rassurant d'être émue par la misère des autres, cela devient vraiment plus inconfortable quand la misère est devenue sienne.

Vivre dans cet espace délabré, indéfinissable, entre une infirmerie vétuste et un atelier d'usine, pas mon kif. Et nous étions vite repartis, un peu honteux, soulagés vers la civilisation.

Lors de mes visites préopératoires de l'automne 2014, mon ami Philippe était toujours là, en meilleure forme, - mais il y avait encore des progrès à faire-, visiblement acclimaté à sa nouvelle résidence, positif, acceptant la présence souffrante et compliquée de son jeune voisin à la destinée tragique, muré dans son corps. Philippe, le sage.

La veille de mon opération, temps magnifique, nous avons pris un café au soleil à l'hôpital, et immortalisé ce moment d'une photo de moi, penchée, en forme, sur son fauteuil roulant.

Philippe passa, quand tous furent partis, m'embrasser le même soir, alerte dans son fauteuil. J'étais dans une cellule triste, seule dans ma chambre. Seule, traitement de faveur - comme je l'appris plus tard -, qui n'augure pas de lendemains qui chantent à l'hôpital public.

Des radios avaient été oubliées, on m'envoya à travers le labyrinthe de l'hôpital jusqu'à « l'imagerie » les effectuer. Pour la déco, il y a vraiment beaucoup à dire avec l'assistance publique. Dernier selfie dans le couloir de la radio, totalement explosé, défoncé, tuyaux d'eau percés, graffitis immondes, éclairage glauque, j'écris : « dernière chance de m'échapper ». On me demande si je suis dans les pays de l'Est ou si je tourne pour un film de Luc Besson. Clap de fin

Je me suis vraiment réveillée en revenant de réa dans un premier service, transitoire, quelques jours plus tard.

Les deux premiers mois, je ne me suis pas vraiment souciée de mes conditions d'existence. Survie en jeu. On s'étonne à peine d'accepter si facilement, les chambres à deux, la promiscuité, d'être lavée dans des salles qui ressemblent plus à une laverie qu'à autre chose, la douche au tuyau, comme chez les fous.

Il y a la sidération, mais il y aussi le soutien et la présence vraie des soignants. À peu d'exceptions près. Promiscuité oui, mais qu'importe quand on a la chance de rencontrer Cathy, mon amie, des premiers jours, colocataire de la chambre 310, pour laquelle la même opération s'est passée sans encombre, et j'en suis ravie, mais qui est là, dans cette chambre, pour quelques semaines de rééducation. Et c'est une chance. Une présence magnifique, généreuse, aimante.

Cette chambre, c'est aussi la présence des soignants, attentifs, empathiques, positifs, encourageants, ceux qui font plus que servir un repas, qui savent quand l'angoisse arrive, quand le chagrin m'explose, quand la douleur s'infiltre, quand la peur me saisit. Et restent là, avec un thé, un biscuit, un massage, qui me douchent avec douceur, vérifiant ce que je vais supporter, allègent le mouvement pour me passer d'un côté à l'autre, le geste intime et nécessaire, vérifient la température de l'eau, les alèzes bleues douces pour me sécher et me rapatrier dans notre chambre, emmaillotée comme la Vierge Marie, m'habiller. Me soulèvent comme un paquet fragile pour me redresser ou me passer un petit moment dans un fauteuil, changer les draps.

Sandra, parfois avec des larmes pour moi, Étienne, ému et empathique, Jennifer hyper vigilante, Yvon avec qui les transferts se faisaient dans le rire, son pote qui goualait la chanson « boule de flipper », Michel le seul qui ne confondait pas mes veines avec un fromage de gruyère, et tant d'autres dont je vois encore les visages sans pouvoir aujourd'hui y associer leurs noms.

La fatigue, et l'impuissance, les drogues aussi, font qu'au début, tout est accepté.

Après, il faut bien supporter ce qu'on ne peut plus éviter.

La maison, sa maison, on en est définitivement exclu, la vie, mon lieu de vie, devient cet hôpital.

On doit me changer de service, car cela devient clair au bout d'un mois, je suis là pour un séjour au long cours. Je ne veux pas, je ne peux pas supporter de quitter ma chambre, ceux que je connais, le rythme qui m'est familier, les bruits faciles à décoder d'activités à l'extérieur de la chambre, mes kinés. Je refuse, et curieusement les médecins s'inclinent, même si j'en conviens, ce n'était pas la bonne décision en logique médicale.

C'est vrai qu'ils ne sont pas vraiment à l'aise quand ils me voient, mon chirurgien et ma rhumatologue. Je suis la couille dans le potage, la catastrophe médicale grave dans un parcours sans faute. Accident médical.

Je dois reconnaitre qu'ils sont atterrés et engagés pour m'accompagner vers un avenir le moins difficile. Mais, visiblement, quand on voit leurs têtes, ils sont bien convaincus que paraplégique je suis et je resterai. Et je suis l'épine dans leur pied.

On m'explique quand même qu'il va falloir traverser la rue de l'hôpital, et changer de pavillon pour tenter de ranimer ce qui pourra l'être dans mon corps. Et c'est comme cela, que je change de prison début janvier 2015. Et que là, ça sent mauvais : dans ce pavillon nouveau, mes voisins sont là depuis deux ans, un an, six mois mini, tous en fauteuil roulant. Au mieux. Dans des chambres de deux, trois, quatre personnes parfois.

Les couloirs sont gelés, fenêtres brisées comme dans la maison des horreurs.

J'y suis véhiculée, mes affaires sur un chariot. Une chambre immense, sale, sombre, je ne suis même pas côté fenêtre, ma nouvelle voisine fait la gueule, sa télé marche en permanence. Elle est là depuis deux ans, destinée terrible, elle s'avèrera gentille, et nous cohabiterons trois mois ensemble.

C'était SON espace depuis deux ans, il faudra le partager, sans la blesser, drôle de maison pour moi, avec vue directe sur le couloir et les chiottes. Plus le reste qu'il vaut mieux ne pas décrire. Les couloirs sales, explosés, des fauteuils roulants partout, des douches sinistres. Les soins, hélas sans pudeur possible, partagés tous les matins, la maladie qui s'infiltre, qui menace, qui ajoute l'horreur à la douleur, qui lamine notre existence à tous dans cet hôpital.

Juste pour me réconforter les infirmières, les aides, les « garçons », Tony, sosie d'un acteur noir américain, qui se marre en poussant mon fauteuil comme une Formule 1, fonçant dans les couloirs vers la douche, certaines infirmières qui ne s'adressent pas à moi comme à une malade mais comme à une copine, le formidable Johan, grand et tendre, qui me lève d'un mouvement d'un seul et me fait penser à mon cousin américain, et Martial qui me ramène au bercail, ma kiné qui me chouchoute, le roi de la balnéo qui m'aide à surmonter ma peur de l'eau et partage avec moi, à mon grand ravissement, les blagues les plus pourries, les profs de sport qui célèbrent nos corps, même handicapés. Tous.

Les médecins. Plus attentifs qu'il n'y paraît. Et bien présents quand une difficulté, une blessure virent au drame. Si seulement on les avait dotés d'une parole plus authentique, plus claire. Mais métier bien difficile.

La psy, l'ergothérapeute.

Sans psychologue, point de salut. Tous les repères s'effacent peu à peu, et la confiance en soi avec. Mon être se réduit, mon identité vacille, il faut un espace pour que le désespoir s'exprime, soit entendu, reconnu. Pour pouvoir espérer remonter, il faut accepter de descendre dans un espace gris, propre à chacun. Pour pleurer sans honte, pour vider sa colère et ne pas s'y enkyster. Pour être écoutée, pour avoir un soutien dans la tourmente, pour accepter le temps du deuil, si long, si lent. Pour permettre un truchement avec le milieu médical ou la famille. Pour lancer l'alerte quand la rupture est proche. Pour célébrer une éclaircie, pour rappeler une embellie, pour trouver une raison d'espérer. Pour comprendre la souffrance individuelle, mais aussi l'universalité de cette souffrance. Isabelle.

L'ergothérapeute, j'en ignorais tout, cette profession de Géo Trouvetout, qui connaît intimement les rouages de la vie quotidienne. Ces magiciens du mouvement minimaliste qui vont inlassablement stimuler les muscles et neurones déficients pour gagner, millimètre par millimètre, de l'amplitude, de la préhension, de l'usage pour les doigts gourds et tordus, les bras en carafe, les jambes absentes. Ces connaisseurs de la vie quotidienne qui débusquent les pièges, toutes les impossibilités qui empêchent de vivre comme tout le monde.

Et les gardes de nuit. Inouïes, merveilleuses dans tous les services dès la première nuit. Spéciales. Surtout des femmes, qui amènent vers 21 heures l'air du dehors, le calme, l'écoute, le rire, toujours deux par deux. Mères Courage, mais joyeuses, solides, braves, prenant le temps de contact que la nuit facilite. La meilleure partie de la journée, même pour, quatre fois par nuit, te changer ou te passer l'urinal : rassurantes, formidables.

Ma deuxième maison, et la seule pour de longues semaines et des mois.

Puis ce décalage hallucinant courant janvier entre mes semaines en hospice, et mes week-ends à la maison, même si privée de mes aises dans celle-ci. Il existe un autre monde.

On parque les femmes ensemble dans cet univers où, en effet, la parité n'est pas respectée et on s'en réjouit pour une fois : quatre-vingt-dix pour cent d'hommes, de jeunes hommes à Garches, accidents de motos, AVC, accidents de piscine ou de voiture, chutes. L'ambiance est virile, ils déboulent à fond les fauteuils, tapent la tchatche ou autre chose dans les recoins de l'hôpital, plaisantent, parlent des couilles en berne, de la vie que peuvent avoir de jeunes hommes de trente ans, entre eux. Et honnêtement, ils sont sympas, chouettes mais je ne me vois pas m'insérer dans cet univers. On se dit bonjour, on plaisante en rééducation, on se sourit toujours, on va même en convoi motorisé spécial handicapé voir des films une fois par semaine, mais depuis le départ de Cathy, ma vie affective à Garches est en berne.

Je suis affectée pourtant par la douleur de ma nouvelle voisine, son histoire et nous restons souvent ensemble. Solidarité d'hôpital : quand elle en sortira, difficilement, nous ne nous donnerons plus signe de vie.

Les visiteuses - aumônerie et associations, esthéticienne - cassent heureusement le rythme.

Mais sinon c'est immuable, réveil, examens, toilettes et soins, kiné, déjeuner, rééducation ou balnéo, visites, diner, coucher, sous les phares de la télé allumée en permanence. Même si heureusement muette, merci le casque.

Et il n'y a pas de silencieux au matelas anti-escarres de ma voisine. Cassée par les médicaments, elle s'endort, dès vingt heures trente, devant sa télé allumée jusqu'à deux heures du matin, anti angoisse du vide. Mais son matelas, lui, ne s'endort pas, il rythme nos journées, pouf, pouf, passe encore. Mais dès que le silence se fait dans l'hôpital, vers 22 heures, il devient omniprésent dans la chambre, j'allais dire la salle. On n'entend que lui, je m'assoupis, il me réveille, il assassine ma tête, je me rendors, son raffut m'empêche de dormir, j'ai des maux de crâne. Des boules en mousse dans les oreilles, je l'entends toujours, sourd et lancinant. On me prête un casque anti-bruit de chantier, et l'air d'une martienne, je m'endors, mais bien vite, ma tête est serrée, ma nuque douloureuse, mes oreilles chauffent, et il faut virer le casque et supporter à nouveau ce rythme de soufflements infernaux.

Et quand ce n'est pas lui, c'est elle : elle ronfle, ayant enfin trouvé l'apaisement du sommeil.

Et pendant des nuits, la même chose, et je commence à craquer. Je suis épuisée ; je m'endors comme une masse en salle de kiné. Je me sens persécutée, à bout. Mais incapable de demander un changement de chambre : comment oser, infliger encore un changement à l'autre. Fin mars, je lâche le morceau et je change encore de chambre, honteuse mais soulagée.

Mars : Une nouvelle chambre avec le soleil où je suis près de la fenêtre. Sans placard, sans douche, mais qu'importe : le silence. Bien entendu, pas seule.

Parallèlement, l'hôpital commence à susurrer que je vais un jour rentrer chez moi. Au prix de la journée, mon sort quasi scellé sur les handicaps lourds désormais considérés comme permanents, et aucun traitement ou rééducation complémentaire ou miraculeuse à espérer, ça se comprend. Je coûte cher

Ça me parait prématuré, je me déplace à peine avec un déambulateur, et les week-ends sont parfois tendus à la maison où je compte sur mes amies pour délester mon mari afin qu'il puisse s'échapper.

Sourires à mon arrivée, à la maison, le vendredi après-midi, les weekends de permission, mais aussi soulagement de me voir repartir le dimanche après-midi.

Si cela me semble prématuré de rentrer à temps complet, cela s'apparente pour lui à de la démence et à une condamnation aux travaux forcés.

Un plan Entebbe se met en place côté hôpital. Réunions quadripartites à l'hôpital pour entendre les divers points de vue, et voir comment faire. On évite de parler de ce qui fâche : Quand je suis la balle qu'on se renvoie.

Avril arrive, et l'ergothérapeute se déplace à la maison pour évaluer sur place les problèmes avec nous.

L'étage : on préconise un escalier mécanique, je ne monte l'escalier, avec difficulté, que soutenue, sécurisée et aidée de deux personnes.

Chaise montante, tout d'abord : un système assez sauvage où le malade a l'impression que son dernier jour est venu à chaque marche, mélange de roller-coaster et de roulette russe. Je n'ai jamais été téméraire, on me le fait une fois, et je décline très poliment de renouveler cette expérience déplaisante, et d'acquérir cet appareil improbable. Morte de trouille.

On passe à un niveau au-dessus, le monte-escalier électrique, le truc le plus déprimant que j'ai imaginé depuis longtemps, quoiqu'en disent les brochures illustrées de gens souriants assis comme des mannequins sur leurs perchoirs. JAMAIS, jamais chez moi cette verrue. On m'incite à signer le bon de commande, je me résous, je signe et, Dieu merci, je me rétracte. Je ne peux PAS subir cette dégradation de plus. Oui, c'est, en apparence, plus facile que de monter des escaliers, lentement, à la force du poignet, mais si je choisis cette voie, c'en est fait, je suis handicapée, à vie.

L'ergothérapeute est là pour rassurer l'entourage, ça ne va juste pas le faire, le jour où elle vient.

Mon mari est plus qu'à vif, ma fille, présente, explose la visiteuse littéralement contre le mur, déversant toute sa hargne d'une situation intolérable et qui risque de devenir quotidienne. Je me terre dans un coin de la cuisine en bas.

Balle au centre, tie-break, l'hôpital temporise jusque fin mai, je ne suis plus sûre d'avoir envie de rentrer à la maison.

Toujours entre deux maisons, week-end en bas de la maison, et semaine à Garches.

Libre nulle part, ni ici, ni là.

Mai. Je suis retournée finalement à la maison, peu désirée, même si contents de me voir. Mais bye-bye Garches

Et il a fallu, peu à peu, reprendre une place, et grappiller des lambeaux de vie.

Monter l'escalier, désormais une fois par jour, pour dormir dans notre chambre, et non plus dans le salon, me laver dans notre salle de douche. Et virer le lit cage médicalisé du salon avec ses souvenirs d'impuissance.

Et une fois en haut, fière de moi, pour la première fois, pas de foule en délire, mais une famille très sceptique et dubitative : tu ne vas pas t'installer partout maintenant.

Des mois durs pour tous, car encore très dépendante, incapacité à se coucher seule, pieds inatteignables, à monter seule, à descendre sans sécurité, pas capable de se lever seule, besoin de beaucoup d'aide, c'est exact.

Usant pour l'autre, dont les vertèbres ont le même âge que les miennes, et qui se sent asservi à mon handicap. Et le dit.

Et personne ne me regrettait quand, quatre fois par semaine, le taxi m'embarquait à l'aube pour une heure de transport vers Garches en hôpital de jour, et on ne tuait pas le veau gras quand je revenais exténuée en début d'après-midi. J'ai bien conscience que, si ma vie n'est pas facile, vivre avec moi n'est pas une partie de pêche par temps plat. Avant de tirer sur les pianistes, je me demande parfois si je n'aurai pas été plus odieuse à leur place.

Mais je ne vivais plus entre deux maisons, je vivais quasiment normalement. Mais dépendante.

D'autres frustrations sont apparues : rester seule, enfermée à la maison, ne pas pouvoir sortir seule dans la rue, ne pas pouvoir faire ce qu'il me plaît, tout faire.

Handicapée et limitée.

Mais revenue au monde. Revivre parmi les autres, mais les autres sont libres.

Dernier set avant le vrai match

Apprendre à vivre vraiment. Savoir reconnaitre, savourer les bonheurs, la chance d'être en vie, oui, vivante parce que dans ma génération, ça commence à s'éclaircir, et ça, c'est franchement pas sympa. Et carrément fatal, si je puis me permettre. Et je n'ai plus le temps de faire semblant de vivre.

Alors carpe diem, on en profite, et tout de suite. Ça ne veut pas dire que c'est la joie permanente, l'extase du paraplégique, la java des douleurs neuropathiques perçues comme le stimulus ultime de l'existence.

Oui, je souffre, je tombe, je suis laminée de fatigue.

Mais vivante, totalement en Vie. Si contente de vivre.

Et entourée de Jacques, de mes filles, et aussi de tous ceux, connus et inconnus, qui se sont révélés depuis l'opération. Sacrément bien entourée.

Et que j'ai, de plus en plus, la capacité nouvelle de ressentir les bons moments. Et de m'en nourrir. Pleinement, ce que je ne savais pas faire

Et quand la dépression guette, justifiée ou non, je ne lutte pas contre elle, je l'accompagne un moment, car elle a sa place. Mais pas trop longtemps

Et également Dire. Enfin, dire beaucoup plus souvent qu'avant, même si je vois les progrès à faire pour m'exprimer sereinement et me sentir entendue et respectée.

Dans la vraie vie. Dire ma dépendance. Dire aussi ma liberté qui a droit, même entravée, d'être. Dire mes envies. Trouver mon rythme, mon espace, ma vie.
Déjà, j'écris! Dire : je m'y emploie.

CHANCEUSE

Pour ne pas désespérer Billancourt !

L'amertume a souvent pointé son nez, pourquoi moi ? Qu'est-ce que j'ai fait pour mériter cela ? Ça ne va pas durer comme cela éternellement ? À quoi bon ? Je veux que ça s'arrête. Ouais, mais ce n'est juste pas le cas, et l'amertume, je me souviens vite qu'elle est une ennemie de toujours, ma mauvaise conseillère de premier ordre, la scélérate qui amenuise, abêtit, et infeste. Dès que je la ressens, je la vire. La plupart du temps.

Et puis, j'ai encore des joies, des vrais bonheurs, ne vous déplaise.

Quelques grosses bouffées de joie, dans le désordre. J'aime, je suis aimée, j'aime la vie, j'ai une vie.

Le premier jour où on m'a sortie à l'extérieur, au bout d'un mois, un petit matin glacial et clair d'hiver, dans un fauteuil roulant et que j'ai respiré l'air du dehors, vif, vivifiant. Délice.

Valentine penchée sur moi sur mon lit d'hôpital, émue, et moi faisant des sourires pour la photo et pour nous convaincre que tout allait bien, pour que tout aille bien. Elle, jolie, lisse et tendue à la fois, ses yeux ont des nuages, mais aussi des étoiles. Ma première née.

Antoinette, rameutant son courage et déboulant un soir, inattendue bien qu'espérée, pour me voir, bravant sa peur. Incroyable, la porte s'ouvre, il est vingt heures, normalement la journée est considérée comme pliée, sans autre promesse possible. Et là, elle est venue. On fait toutes les deux tant d'efforts pour ne pas pleurer. Elle est formidable.

Les repas cascher que partagea ma voisine de chambre, et la force de cette affection qui nous jeta l'une vers l'autre. Ma Cathy, unique.

Jacques, là, tous les jours, avec son air sérieux et si triste, noyant son désarroi dans l'intendance, ô combien nécessaire : linge, eau, fruits secs, journaux. Il est perdu, je le sens. Il doit lui aussi s'adapter, et il ne sait pas pleurer ou exprimer ses émotions. Jacques ne sait que faire avec celle qu'il ne reconnaît plus, tous nos fonctionnements communs dévastés. Je ne sais que lui dire. Sa sœur, handicapée depuis trente ans, est en train de mourir, et autour du handicap, se joue pour lui une musique insoutenable. Nous ne savons pas encore le long chemin qui nous reste à franchir avant de nous apaiser, nous n'imaginons pas les souffrances l'un de l'autre, nous n'avons pas encore compris la profondeur de notre lien. Il nous faudra encore des querelles, et des abîmes. Mais il est là, comme je ne l'aurai pas imaginé. Il fait des heures de transport - marche, métro, train, marche - pour venir à Garches tous les jours. Sur le moment même, je n'étais pas en mesure de partager SA douleur, alors elle s'est muée en colère. Et comme il n'y avait que moi dans son univers, il me l'a exprimée. Parfois durement. Mais il est là, avec ce mot affreux : aidant. Ça ne le fait pas rêver, moi non plus, je ne sais pas qui est l'ennemi des amants qui a inventé ce terme. Mais il n'a pas envie d'être aidant, et moi, pas envie non plus qu'il le soit. Mais nous n'avons pas d'autre solution. Très clairement, sans lui, ces neuf mois d'hôpital, ma vie aujourd'hui seraient encore plus arides, encore plus fracassés, encore plus chaotiques. Et je lui en rends grâce. Je vois sa fatigue et j'en pleure. Mon trésor.

Éléonore, de retour de Thaïlande et son bonheur, et sa tristesse. Son voyage de fin d'études était prévu de longue date, bien avant mon opération. Je ne sais pas ce qui est le plus difficile, d'être là ou loin quand sa famille explose. Quand elle est revenue, j'avais repris une apparence moins végétative. Être dans ses bras, l'admirer, savoir mon clan réuni à Paris. Ressentir mon cœur de mère, contre vents et marées, mon bonheur insoluble, éternel malgré mon corps blessé, avec elle, avec vous, je suis.

Les amis, les vrais. J'ai été l'hospitalisée la plus chérie de mes amis, deux à trois venant à Garches, chaque jour, me ramener à une autre réalité que l'indigence.

Ils restent dans mon cœur pour être venus, avoir été là, avoir su.

Mon écossaise, avec des scones et des huiles essentielles, se saisissant avec douceur, compétence, et tendresse de mes pieds et de mes jambes pour les masser, leur insuffler avec amitié sa force. Étonnante. Vraie. Solide. Mon amie.

Mon ami et voisin de bureau, là, présent et bienveillant toutes les semaines, fidèle entre les fidèles. Un roc, amenant sa bonne humeur, les potins d'un bureau qui me donnaient l'illusion provisoire de ne pas avoir été laissée sur le bord du chemin professionnel. Un bon homme généreux de son rire et de ses sentiments, tranquille et tranquillisant.

Philippe aussi, nous nous connaissions mal d'avant Garches et nous nous sommes retrouvés et trouvés, tous deux enfermés dans ce monde insensé, à deux chambres de distance. Philippe qui se battait déjà depuis plus de six mois, sans baisser les bras, et qui affronta, avant moi, le choc du retour à la maison, la sortie du cocon certes imparfait, mais autrement efficace de Garches. Nous prîmes le goût de ses visites en hôpital de jour, fondant avec son fauteuil roulant vers ma chambre, entre deux rendez-vous, pour se sourire et s'encourager.

Mon Siennois qui passait nourrir de partages mon esprit. Inattendu, des années que nous ne nous étions vus. Mais là, à Garches, en ce bout du monde, si difficile à atteindre, dans l'hiver et le froid, juste par amitié, des générosités inouïes. Puis il disparut à nouveau.

Mes amoureux et voisins[1], salades fraiches et tout amour, amis de longue date, assez pudiques pour prétendre n'avoir pas de mérite à venir car demeurant près de l'hôpital. Se relayant ou ensemble, sans jamais me lâcher, parlottes vraiment intimes, me nourrir de vrais légumes et fruits, méticuleusement préparés par Eric avec raffinement, pour me sortir de cette bouffe infâme, me remplir un lecteur de musique et de conférences pour pallier l'ennui. Vigilants, aimants, attentifs.

Ma nourricière, pourvoyeuse régulière de nourritures terrestres et autres, et le luxe des traiteurs, et la vie de l'Esprit. Je gisais, et elle savait me faire croire en une réanimation possible. Elle eut raison.

Les fidèles, décidés à ne pas me laisser gagner par la morosité, venant jusqu'à mon lit d'hôpital, panier de victuailles choisies sous le bras, pour célébrer ce premier janvier, premier de l'an 2015 où j'étais - victime d'une infection et Jacques d'une mauvaise grippe- seule et embastillée à l'hôpital plus isolée que jamais, dans la neige et le froid.

Ma blonde, et son chasseur, amenant énergie, air frais et T-shirts propres. Mon élégante amie, la Magnifique, autre résiliente, embaumant le sillage d'un autre univers comme la visite d'une fée. Mes amis de Jasmin, tendres et imaginatifs, longue amitié, retrouvée, émus et émouvants. Certaine, écorchée d'être là. Une autre,

---

1. À Sophie Renard, je dois la Warholisation inattendue du cliché radiographique de mon arthrodèse qui m'aida à en sourire et est en couverture de cet ouvrage. Merci de ton amitié.

solide dans l'adversité au club de l'amitié. Mon amie chère et magique, qui me fit lire de force *Dans les forêts de Sibérie*[2], tu vas écrire, dit-elle. Ma « cousine » d'élection, mes cousins de cœur, cageot de fraises sous le bras. Présences sereines, présences rassurantes. Entre autres. Rencontres somptueuses.

J'en oublie, pardon. Tous plein d'amour. Ce sont eux, lui, elles, eux qui me gardèrent vivante, responsable envers moi, mais aussi envers eux de ma guérison. Eux qui ont rendu inimaginable que le désespoir puisse s'installer durablement, que je me résigne, que je baisse les bras.

Et les autres fidèles vrais, même si éloignés, auteurs de SMS pudiques, d'appels réguliers, discrets et sensibles, des vrais messages Facebook, des fleurs, des petits envois, lectures – bien que je ne puisse lire alors-. Mes voisins de Charentes, elle sur le chemin de Compostelle, mes anglo-brésiliens d'où qu'ils soient. Mon cousin, certains de mes neveux, ma nièce.

Et pas certains autres, pourtant si chers, à mon étonnement, et parfois à ma grande douleur et colère, absents, indifférents ou inconscients. Une absence, une désertion. Des absences parfois blessantes, entachant mes croyances, mes certitudes. Mais, au fond probablement, j'avais aussi commis des erreurs de jugement sur certains, que je ne peux reprocher qu'à moi-même. L'affection ne se manifeste que quand elle est vraie.

Mais ce qui est certain : Sans Jacques, sans mes filles, mes amis, point de salut.

---

2. Sylvain Tesson, Gallimard, 2011.

Et je m'étais réchauffée, et je commençais à me reconstruire avec ces sourires.

Ils avaient jalonné mes premiers mois d'hôpital.

Et il y a eu de bons moments, de sacrés bons moments.

À Garches.

Le thé avec Jacques.

Pendant neuf mois, Jacques est venu tous les jours, puis deux fois par semaine à Garches. Après déjeuner, surtout pour lui, je l'attendais dans la chambre que je partageais avec une voisine. Sans plus rêver de confort, ni de vraie intimité, nous préférions sortir faire, en fauteuil électrique pour moi, le tour du parking pour aller à la cafétéria de l'hôpital y prendre un thé, au grand jour, dans un ersatz d'espace social. On empilait sur moi les manteaux, les écharpes, on se gèle en fauteuil roulant, et on filait. Et c'était de bons moments. Être ensemble, pouvoir parler de tout et de rien. Tous les deux. Il amenait des nouvelles fraiches de la maison, des filles, de la vraie vie. Nous évoquions de bons souvenirs, et le temps n'avait pas cette langueur qu'il avait après son départ ou les jours sans sa visite. Très vite, à Garches, je connaissais tout le monde, malades et soignants, et en se rencontrant, on bavardait, on plaisantait. C'était plutôt gai. On voyait la bande des garçons, Marius en tête, foncer dans les allées, toutes roues lancées, les fauteuils dopés. On parlait de la séance hebdomadaire de cinéma. J'aimais bien ce bistrot et y trainer ensemble, Jacques et moi.

Les barres parallèles.

Fin décembre 2014, on installait mon fauteuil à leur bout, et ils étaient trois à me soutenir, mes mains accrochées aux barres, mon corps exultant de cette première verticalité, submergée par l'émotion, et deux autres à mes pieds au sol, mes jambes articulées entre leurs mains, et les bougeant l'une après l'autre pour me faire retrouver la mémoire de la marche. Je pensais que cela y était, une affaire de quelques semaines. Heureusement je ne savais pas qu'aujourd'hui deux ans et demi après, je ne serai toujours pas capable de me déplacer seule à l'extérieur. J'ai tout appris entre ces barres, à dérouler le pied, à plier le genou, à marcher en avant, en arrière, sur le côté, à enjamber des cubes, à monter des marches, à les redescendre, à tenter l'équilibre, avec les mains, avec une main, sans les mains, en envoyant une balle, en la recevant, à avancer, à avancer plus vite. Et j'ai aimé les apprivoiser, m'y apprivoiser, tenter, répéter, tester. Y retourner sans fauteuil en février, avec un déambulateur en mars, puis avec une canne. Et enfin faire les trois pas hésitants, sans canne, mes mains prêtes à me rattraper sur les barres. En surveillant ma réinsertion dans l'espace dans un grand miroir, et moi, et mon nouveau corps.

La piscine, vers février.

J'avais balnéothérapie deux fois par semaine. Jusqu'alors je n'étais pas une grande adepte de l'eau, ni des piscines, trop froides, et ce n'avait jamais été mon élément. Je m'échinais avec mon corps quand ce fut au programme, au sous-sol, dans un bassin d'eau bleue, idyllique, à 28 degrés. Bien sûr, c'était l'expédition, me déshabiller, me mettre un maillot, me sécher, me rhabiller, et en plus de toutes ces épreuves, l'immersion, encore dans un fauteuil, articulé par un bras. La première fois, j'étais un peu pétrifiée, mon équilibre sur terre ferme était incertain, ma peur de l'eau bien réelle, et on m'amenait à me confronter aux deux. Mais rentrer dans l'eau chaude, quelle douceur, le corps se détend, les courbatures et les douleurs s'effacent, les gestes difficiles deviennent fluides, et on est tout léger, les jambes ne sont plus ces ânes morts que je trimbale à la force de mes bras. Les premières fois, mes jambes sans muscle, sans contrôle étaient tant portées dans l'eau, que j'étais comme la marionnette d'un culbuto, elles partaient de toutes parts. Et seuls les bras des kinés me donnaient la sécurité de ne pas me noyer. Puis, peu à peu, je trouvais mes marques, des appuis dans les rebords, des rampes dans le couloir de marche et pouvais envisager des mouvements, des audaces, minuscules, mais que je n'imaginais même pas avec la pesanteur. Je progressais lentement. On plaisantait en permanence. Et il y avait de la musique, et de la bonne humeur.

La joie des autres.

Ce sont deux grandes baraques, l'un dans la trentaine, l'autre dans la quarantaine. Peu importe leurs prénoms et leurs histoires. On ne passe pas du temps à raconter ce qui vous est arrivé à Garches, on est là, un point c'est tout. Disons l'un pour une chute, l'autre, le plus jeune, pour une sorte d'AVC. Ils étaient là quand je suis arrivée en janvier au pavillon de rééducation longue durée. En fauteuils roulants tous les deux, amochés, plus de mouvements dans les jambes, les bras en vrac, sondages urinaires obligés, la totale. Et le programme complet de remise en état : longues heures de kinésithérapie acharnée et répétitive, et ergothérapie, pour débloquer tous ces gestes du quotidien, tous ces petits mouvements, toutes ces connexions sans lesquelles on dépasse la dépendance, c'est de l'assistanat permanent. Des heures en ergo, de patience, de courage, de lassitude parfois, le corps vraiment soutenu, car mû de fait par l'ergothérapeute. Les mouvoir, un travail encore plus intime, où on réapprend le geste à l'autre, millimètre par millimètre. Main contre main, les yeux dans les yeux, on fait pour lui, avec lui, jusqu'à ce qu'il ébauche, puis fasse.

L'un avait sa maman, souriante, élégante, solide qui venait le voir tous les jours, et nous les croisions quasiment chaque jour à la cafétéria, ensemble. L'autre s'était intégré dans la horde sauvage des gars aux corps brisés et à la volonté farouche que décrira si bien Matthieu Firmin dans son film *Lève-toi et marche*.[3]

Quand j'ai quitté Garches -premier séjour- en mai 2015, tous deux étaient toujours là dans leurs fauteuils. Scotchés dans leurs fauteuils, peu de jambes et de bras. Pas sûr que cela change. Au moins, on commençait à les amener au bain, en balnéo. Et comme moi, ils étaient béats dans l'eau. Il y avait eu des hauts et des bas. Là, on était pour eux plutôt dans les bas. R avait voulu faire trop vite, sans prudence, était tombé, mal, de la casse, et il fallait tout recommencer à nouveau. Pour marcher. Plus lentement, et R. me disait, je voudrai arriver à faire ce que tu fais. Nous avions tous l'envie de retrouver une vie, et voir l'un d'entre nous, s'en sortir, même partiellement, nous stimulait. Chacun, à un moment, disait je veux arriver à cet état, R se fixait sur ma mobilité, moi je m'étais fixée sur celle de Matthieu. C'est bon de quitter Garches, c'est dur d'y laisser les autres. On aimerait bien posséder un grand avion et une baguette magique, allez, on file et on gambade tous sous les cocotiers.

Je suis revenue en hôpital, de jour uniquement, en novembre 2015. Là, en kiné, émerveillement, j'ai vu les premiers pas de R, dépliant sa carcasse, immense, sanglé dans un portant et un sac de soutien, entre les barres parallèles. Déposant un pied, puis l'autre, à la limite de s'affaisser, mais non, allant plus loin, et un

---

3. Pour lire la tribune http://bit.ly/2fo8OeR

Pour voir gratuitement « Lève-toi et marche » >> http://bit.ly/297GwEe

pas, et l'autre. Puis l'autre. Émotion, bonheur. Ces gars, que j'avais vus abattus, debout enfin. L'air s'arrêtait autour de lui, j'avais l'impression d'un arbre qu'on redresse, difficilement, qu'on arrache au sol, avec une grue, et l'équipe de plusieurs kiné, muscles tendus parce que cet homme, c'était un sacré poids. Et passant en ergo, c'est mon autre compagnon, qui apprend également à se lever, puis à s'asseoir. Et ses mains aussi, qui ont retrouvé la prise et l'appui. On ne déplie un mètre quatre-vingt-dix comme mon mètre soixante-huit et mes 58 kg. C'est magique, sa verticalité aussi. Ce jour-là, on a tous espoir.

Quelle joie. Et quand je suis revenue à Garches, en janvier 2016, ils étaient partis. Que souhaiter de mieux.

Antoinette va avoir vingt ans.

Chez nous, on fête les anniversaires, on fête d'ailleurs tout ce qu'on peut, systématiquement, et même sans raison. C'est important, pour elle, ce 3 mars 2015. Elle a envie d'une fête. Cela fait un peu plus de deux mois que j'ai permission du vendredi au dimanche soir, de revenir, allongée en ambulance, à la maison, où je dors encore au salon, en bas, dans un lit médicalisé. Je ne suis pas encore capable, même avec de l'aide, de monter un escalier, ma chambre à la maison m'est interdite, et qui plus est, je ne saurai me coucher, ni me relever de mon lit habituel.

Ni elle, ni moi, n'imaginons une soirée Wild Wild West où, à onze heures dernier carat, on me dévêtirait au milieu du salon et, où revêtue élégamment de ses couches, on mettrait Maman au pageot dans un coin, pendant qu'une quarantaine de clampins s'agiteraient en folie jusqu'à l'aube. Elle est ravie à l'idée d'une fête, mais visiblement déçue de cette première fête historique à la maison, sans moi, un mardi, donc, pour éviter mon omniprésence des weekends. Son père, ses sœurs, ses amis font leur maximum pour en faire un succès. Elle ne me reproche rien, mais je la sais triste que je n'en sois pas témoin. J'en suis triste aussi. La fête sera déguisée, je lui offre sa tenue, son gâteau.

Dix jours avant, j'en pleure chez la psy, à l'hôpital. Dans la journée, on me parle d'une femme qui passa un an à Garches et qui, adorant le théâtre, demandait, certains soirs, permission, et en voiture médicalisée, filait à la Comédie Française, et revenait à minuit, telle Cendrillon. Je tilte et fonce chez le médecin de service. J'obtiens un accord de principe, à confirmer le jour même, si mon état de santé le permet. Secret absolu, le weekend d'avant, je retourne à Garches armée d'un séchoir à cheveux, de maquillage et d'une tenue civile, dans mon sac, et du parfum. Jacques et Éléonore sont dans la confidence.

Le mardi arrive. La police des frontières donne son accord. Je signe toutes les décharges. Avec l'infirmière, on commande un véhicule médicalisé pour vingt heures. L'heure du coucher, ces derniers mois. Bingo, ça coûte une blinde, il faut mieux être riche et malade. À partir de dix-huit heures, branle-bas de combat, on m'aide à m'habiller, maquiller, coiffer, pomponner. Mon cœur bat comme pour ma première surprise party. Le taxi arrive, c'est la première fois que je sors seule en fauteuil roulant dans une voiture, le chauffeur me hale à l'intérieur du taxi et nous sangle, fauteuil et moi. Quelle aventure. Dans la voiture, le fauteuil oscille un peu, légèrement vomitoire. Et je suis assise, non plus allongée, et je vois Paris, les quais, la tour Eiffel illuminée qui clignote, je vois la ville, de nuit, magique, comme j'avais oublié qu'elle put être. Assise, je vois le monde comme vous, comme moi. Je suis excitée, émue. J'arrive dans ma rue. La musique s'entend. La fête a commencé. Sur le trottoir, mon mari et Éléonore m'attendent, on descend le fauteuil roulant, et on me pousse dans la maison. À l'intérieur, Antoinette, en PomPom girl, rigole avec un écossais, une hôtesse de l'air et une demi-douzaine de copains. J'avance, elle me voit, elle se fige, blanche, et elle fonce dans mes bras, elle me saisit, je la serre, elle me serre, elle me respire, et moi je la sniffe, tu es là, pouvais-tu imaginer que je ne serai pas là, flots de larmes, cœurs éclatés, elle me prend avec elle, vers ses amis, c'est ma Maman, elle est là. Ben, ma douce, avec la dégaine que j'ai, et en fauteuil roulant, ils ont dû le comprendre et ne pas me confondre avec Madonna, elle rigole. Je suis embrassée par ceux que je connais, depuis l'enfance. Saluée par les autres, émus, entre l'émotion et l'embarras. Les petits chats, comme ils sont mignons. On fait des photos, gaies, joyeuses, heureuses. Le temps passe vite. À dix heures, mon chauffeur vient me rechercher, je dois rentrer au bercail. Cendrillon. On s'embrasse. J'ai des étoiles dans les yeux. L'hôpital est silencieux. Les gardes de nuit, me récupèrent, complices et ravies. On m'aide à me déshabiller et à me coucher, dans l'uniforme nocturne de l'AP, casaque blanche à pois bleus, fermée dans le dos. Je dors déjà et je rêve.

Un mois plus tard, mon anniversaire.

Une autre dizaine, moins fun. Je n'imaginais pas mes soixante ans en fauteuil. Avant vingt-cinq ans, personne ne m'avait fêté mes anniversaires. À trente ans, je louais le Balajo pour deux cents copains. À quarante, Antoinette naissait, et j'étais seule ce soir-là, avec mes trois petites, un peu nostalgique, quand mes cousins chéris ont déboulé, avec panier, champagne, vin, foie gras, et nous avons ri. Cinquante, cela ne me remplissait pas de joie, j'avais fait semblant de ne rien voir des conciliabules, entre mon mari, mes filles et ma tante adorée, et j'avais été agréablement surprise un soir de voir arriver une centaine de copains, qui amenant une terrine, qui du saumon, qui du fromage, les tables se dresser, les bouteilles sortir de dessous les lits, un orchestre de Steel band arriver, et nous avions dansé longtemps. Jacques avait eu pratiquement autant d'anniversaires surprise que d'années depuis ses quarante-deux ans. Et les anniversaires des filles, que nous avons longtemps organisés pour elles, donnaient lieu à des joies, chaque année, puis vint le moment des pyjamas parties, puis des boums d'après-midi, puis des fêtes tout court. Après leurs dix-huit ans, nous étions remisés, mais ravis. Depuis, nous peinons à savoir le nombre de leurs fêtes. Par contre nos voisins les décomptent sans aucun doute. Tout cela pour dire que, soixante ans à Garches, ce n'était pas dans ma culture. En prévision de cela, fin mars, Jacques m'avait fait dresser la liste de la centaine d'amis qui étaient à mes côtés, fidèles, venant à Garches à intervalle régulier, depuis bientôt sept mois. Et ils traficotaient ensemble, je m'en doutais.

Le 28 mars 2015, jour J, j'étais à Garches.

À l'hôpital, ça ne faisait pas un pli. Et je ne peux pas dire que j'avais une pêche d'enfer. Même si mon Facebook explosait de messages tendres, si mon téléphone avait bipé comme un fou toute la journée.

Après quatre heures de l'après-midi, c'était le silence habituel des hôpitaux, les gardes changeaient, les visites s'espaçaient, les soins installaient des blocus dans les chambres, et tout le monde se renfermait sur soi-même pour supporter l'ennui et la tombée de la nuit. À six heures, ma voisine, totalement paraplégique, était déshabillée et couchée. Généralement, médicaments aidant, c'est le moment où les malades oscillent entre calme, et absence, sans goût pour rien, disjonctant par à-coups dans l'oubli. Et ce n'est pas à sept heures, la promesse d'un diner, régulièrement infâme à la vue et au goût, qui allait les stimuler, soit dit sans offenser Sodexho. J'avais eu Jacques au téléphone, occupé à ses plans, ne t'en fais pas, c'est juste une journée à passer. Bon, je me résignais, je n'allais pas faire d'acharnement thérapeutique sur mon jour de fête, et j'étais sur le point d'ôter mon seyant T-shirt, jogging de rééducation, pour la non moins seyante casaque de nuit d'hôpital, quand on frappe à la porte de notre chambre. Sept heures, sept heures dix, c'est l'heure de l'interne, en général.

La porte s'ouvre, foin d'interne, mais les têtes hilares d'Ingrid, Malika et Marie, belles comme des astres. Avec fleurs - bordel, un vase!-, champagne, Champomy (pour moi au cas où du fait des médicaments), cacahuètes, macarons, flûtes à champagne, bougie d'anniversaire. Et elles se marrent, fières de leur coup, mes copines, qui n'en sont pas à leur première virée ensemble, mais d'habitude plus vers Deauville que Garches. Les bouchons pètent, ça piaille dans la chambre. Ça réveille ma voisine qu'on abreuve de macarons et de Champomy. Les infirmières passent, on leur offre un coup, elles font mine d'ignorer le contenu des flûtes, et connivence éternelle des femmes, la chambre devient intime, chaleureuse, embrasée. Les trois Grâces ont besoin de griller une clope, on sort de la chambre, dans le couloir d'hôpital, un brancard nous sert de buffet, ces dames investissent sans scrupule les chaises roulantes qui y sont remisées pour la nuit, un interne passe, étonné du raffut, et de vide, son œil devient tendre devant ma superbe blonde et mes magnifiques brunes. On refait le monde, on a mis un petit fond musical. Tutto bene. Vers neuf heures, faut pas charrier, on les pousse gentiment vers la sortie. Les veinardes. On s'embrasse, elles vont aller se taper la cloche à Paris, et je réintègre mon lit, heureuse. Quelques mois après, je reverrai Ingrid, qui m'avouera qu'en sortant de ma chambre, elles se sont effondrées dans leur voiture, en pleurs sur mon sort. Mes bouchons, mes chéries.

Le samedi, je suis revenue à la maison.

La fête se préparait visiblement. Nous souffrions, et elle aussi, de l'absence de Valentine, qui faisait pour un an ses études en Colombie. On a caché tout ce qui faisait tache : couches, urinal, médocs. J'ai un déambulateur pour marcher à l'intérieur.

On sonne, Antoinette, Éléonore et Jacques ont des mines de chats tombés dans un pot à lait. C'est Juan, mon cousin américain, découvert il y a trois ans, qui a pris un avion de New Orléans pour juste m'embrasser. Merveilleux.

Et que la fête commence. Pour tous, pour Philippe, mon ami de Garches, que Jean François a pu amener. Et on exorcise. C'est une fête assez étrange, en ce sens qu'elle n'est pas sociale, démonstrative, irraisonnée, presque tous font comme si j'étais normale, mais sont hyper attentifs à mes forces, ils sont autour de moi, tendres. La fête est presque calme. Je ne veux pas m'asseoir, certainement pas dans le fauteuil roulant, éventuellement sur une chaise, mais je déambule, c'est le cas de le dire, poussée par l'énergie au-delà du raisonnable. Philippe aussi s'éclate, son fauteuil virevolte dans le salon, il s'essaie pour moi à grimper un escalier, exercice que je n'ai pas encore tenté à la maison. Eh tu ne vas pas te casser la gueule, s'il te plait. Il parle avec Albane. Jacques bredouille un compliment, un peu décalé, trop ému. Une amie veut prendre le relais, mais le passé et le champagne la submergent. Elle me propose une charge de la brigade légère, digne de nos trente ans, que nous n'avons plus. Et que vais-je charger, sabre au clair, en déambulateur, je décline gentiment et fermement. L'heure est à la paix, plus au happening enivré. Oui, nous sommes trop calmes, trop vieux, tu as raison. Mais laissons nos morts enterrer nos morts. Elle préfère partir.

Et les vivants sont là. Mon mari, mes filles, mes proches. Et je veux juste apprécier l'instant, sans pollution névrotique. La séance cadeau, je suis gâtée, pourrie. Les Dolly Sisters - Françoise et Anne - ont pris la chose en main, et j'avoue que le résultat m'enchante. La séance gâteau, allez, on arrête de compter les bougies, on s'en fout. Valentine est loin, mais est là, Éléonore et Antoinette m'embrassent, Emma aussi. Et chacun vit. Juan et les jeunes au billard. Certains accrochés au buffet ou au bar. Mon mari, vibrionnant partout. Et où que j'aille, de groupe en groupe, ce ne sont que des regards attendris. Des gestes tendres, la joie partagée. On boit, ça danse. Je suis debout. Merci, mon Dieu.

GLACÉE

Je n'ai jamais réussi avoir la moindre explication claire et nette, ni mon mari, sur ce qui s'est passé pendant l'opération : ischémie, lésion de la moelle, on ne sait pas.

On ne sait pas. Facile comme réponse. Est-elle exacte ? Faute à pas de chance, aléa, ou geste invasif ou redressement trop brutal de la colonne. Incapacité d'un corps médical sous pression à être vrai. Incapacité à énoncer, juste les faits et les conséquences, à la première personne. Ce qui m'aurait permis de poser à cet accident un autre cadre.

Première dissonance dans cette bande de faux-culs, le psychiatre de l'hôpital, ayant lu tous les livres, me conseillant de porter plainte et tonnant contre ce chirurgien qui n'assume pas son geste. Le psychiatre s'élève contre l'absence de parole, et c'est vrai qu'elle est insultante pour moi. Être responsable, cela ne veut pas dire être coupable. A priori.

D'abord toutes les semaines, puis tous les mois jusqu'en mars, je vis le chirurgien qui fut confronté à mon désarroi. À sa décharge, à ce moment-là, il fit vraiment acte de présence, pas facile, avec humanité.

Contrairement à la rhumatologue qui me suivait depuis de nombreuses années, qui me conseilla l'opération, et qui, après son échec et ma sortie de son service, ne prit jamais plus de mes nouvelles.

Il traversa même tout l'hôpital un jour, pour venir me voir en salle de rééducation, faisant quasiment défaillir ma kiné qui ne pensait pas voir un jour Dieu le père en face, ni qu'il lui parlerait et lui demanderait son avis.

Moment clitoridien en rééducation, épectase dans le monde de l'Assistance Publique.

C'est dire aussi que le cas était sensible. Mais il me fit face pendant six mois, rendons-lui cette justice, et je lui en sais gré.

Il écoute et rassure, une fois par mois, le fruit de son bistouri, en compote, réduite à une vie quasi végétative, embastillée à Garches. Mais il ne concède rien.

Puis chacun vaque à ses occupations, et enfin, surtout lui, aux siennes. Pour moi, la vie s'étire. Je sors de l'hôpital avec la vie qui me reste. Fin mai 2015

Nouvelle rencontre anniversaire, cette fois. Octobre 2015.

Nettement moins sympathique. C'est vrai que la date du 15 octobre est désormais lourde pour moi, il y a eu avant, il y a après.

Et le temps n'a pas altéré, au contraire, les douleurs, la souffrance et les pertes. Le deuil est lent, très lent.

L'absence d'explication est juste devenue intolérable pour bien me reconstruire - car il va falloir se reconstruire - et en ce premier anniversaire, en octobre 2015, j'ai demandé des explications, il était temps de mettre tout sur la table.

Et là, les relations ont changé. L'ambiance. Côté polaire.

Nous attendons le rendez-vous, il est seul dans son bureau et ne se presse pas de nous recevoir. Pas pressé, pas enthousiaste de me revoir. Et la réciproque est vraie. J'ai la nausée.

Nous entrons finalement. Salutations a minima. Déshabillez-vous. Pas de bavardage inutile, visiblement.

Il vérifie mon dos et exprime sa satisfaction de l'arthrodèse, le dos est droit et le « matériel » en place. En même temps, c'est un peu pour cela qu'on fait appel à un chirurgien, pas pour faire des bouquets de fleurs, donc je ne me sens pas vraiment obligée de lui en jeter, ni de m'esbaudir à mon tour sur la « merveilleuse » opération.

Rhabillez-vous, tout va bien, on se revoit dans un an.

Je me fige, et lentement, très lentement – de toute façon, je ne sais plus faire vite – je me rassois, je plante la guitoune. Il reste debout, la tension monte un peu. Je ne bouge pas. Il est obligé de se rasseoir.

Je suis lancée. Pouvez-vous m'expliquer pourquoi, après mon opération, vous avez changé le protocole d'enregistrement des potentiels évoqués, en ajoutant des capteurs là où ma moelle a été trop tirée? Qui a manié le scalpel pendant toute l'opération, est-ce vous? Étiez-vous dans la salle quand la moelle, proche des vertèbres L1 L2, a été lésée? Ah, vous ne bougez pas pendant la durée d'une opération, même pas une petite pause pipi pendant neuf heures, c'est remarquable. Oui, ma colonne est droite, j'ai grandi de six centimètres. Et le reste, on fait quoi? J'ai les épaules, et les bras, et les cervicales, défoncés de pallier mon absence de jambes, j'ai des douleurs neuropathiques, ma vie et ma famille sont explosées, je suis frigide, mes jambes sont à moitié paraplégiques, je ne peux plus travailler, lire, voyager, vivre, je ne dors plus, j'ai le syndrome des jambes sans repos, je suis handicapée, j'ai mal.

Il est blanc, raide.

Au revoir Madame, faites-moi savoir s'il y a un souci.

Eh mon gars, le souci, je viens juste de t'en parler.

Certains, dans l'hôpital, disent pourtant qu'il y avait une responsabilité à assumer. Au moins un dire.

Pas facile. Il me faudra du temps pour entamer une procédure.

Pas envie de m'exposer, pour partie. Pas l'énergie du combat. Pas envie de subir les experts. Mon vrai combat, c'est remarcher, seule.

Pas un enthousiasme forcené des avocats interrogés, à me défendre. Madame, c'est probable qu'il y a eu faute, mais on ne pourra jamais le prouver, les experts font partie souvent du milieu médical. Et cela va vous coûter plus cher en honoraires que vous ne gagnerez. Et puis, il faut attendre un an, deux ans qu'on vous dise consolidée et que puisse commencer une évaluation des dommages. Il existe aussi des procédures et des organismes d'autosaisie. Officiellement. Mais leur équité est parfois contestée. Le résultat incertain. Les bénéfices douteux. Bref, c'est encore une fois à la victime de se battre, ou pas.

Seule.

URBAINE

Bien sûr, il y a eu la maison de Paris à investir d'une nouvelle manière.

Mais la terre ne se limite pas à un appartement, ou du moins elle ne s'y limitait pas.

Quand on revient d'aussi loin, tous les premiers atterrissages dans le monde sont forts.

Première sortie en fauteuil roulant dans la cour de l'hôpital, je pleure, sentir le froid et le vent sur mon visage est phénoménal.

Premier escalier de quelques marches à cloche-pied et à cloche-canne, soutenue : enthousiasmant.

Le déambulateur, seule, dans un couloir d'hôpital : grisant.

Retrouver, même dans un fauteuil roulant, même accompagnée, la rue qu'on connait, la pharmacie, le bistrot, acheter ses bricoles soi-même en magasin : émouvant.

La première grande balade dans le quartier, agrippée à une canne et au bras de mon mari : libératrice. Une heure de maraude, difficile, lente, douloureuse mais libératrice.

On prend même un bus, coup de folie par un beau jour.

Il y a tant de premières fois, intenses.

Le problème ne vient qu'avec la deuxième fois. Où l'on ne peut pas s'empêcher de comparer. La mémoire de ce qui a été, la mémoire du geste, du mouvement, de la sensation, cruelle. Elle est là, en contrepoint, tout le temps. J'ai pu, je pouvais.

On voudrait - si l'on doit sortir en fauteuil - pouvoir le faire aisément et au moins seule. La fragilité des bras, et des épaules, et de ce dos atomisé par les tiges rend très clairement la chose infaisable. Et la ville, les trottoirs, les gens.

Évidemment, je ne suis pas non plus très performante en fauteuil électrique. Le premier jour, on avait oublié de me préciser le maniement du joystick de commande et, me croyant en un point mort, je suis passée directement de la vitesse un à la vitesse cinq, et dans le mur de la cafétéria. Fauteuil et pieds en capilotade.

J'étais un peu à la double peine : jambes impotentes, mais avec un dos hérissé de douleurs pour lequel le moindre obstacle, le moindre trottoir à franchir en fauteuil déclenchait deux jours de névralgies. Vite, vers mai, on a remisé cependant le fauteuil pour les moments extrêmes.

Marcher. Retrouver un peu de liberté. Mais je suis branlante comme un vieux château de cartes. Je ne marche pas, j'avance péniblement, avec effort. Les anglais appellent cet état un *toddler* : cet enfant qui démarre la marche et vacille sur ses jambes. M'accompagner me promener n'est pas une virée folle et animée, plutôt un sacerdoce. J'emmerde mon promeneur - il y a bien des promeneurs de chiens, comment qualifier un promeneur de paraplégique ? Je traîne, je m'accroche, je peine aux traversées de rue, je me débats avec les trottoirs, le pied trébuche, la jambe ressent intensément la déclivité des trottoirs parisiens, je me fatigue, j'ai mal, l'équilibre est précaire, et de nombreuses fois par promenade, je dois m'arrêter, m'accrocher à l'autre, à son bras, ralentir le rythme, déjà pas fulgurant. J'ai peur aussi de tomber.

Cette liberté, elle est conditionnelle. Conditionnée à l'autre pour m'accompagner ; je n'ai toujours pas la force, la solidité de sortir seule.

Dans la ville, rien n'est facile pour moi, ça monte, ça descend, les gens déboulent, pressés, inattentifs, nerveux ; le nez dans les textos, ils me bousculent. Ils me doublent et ne voient même pas qu'ils ont shooté dans ma canne, me laissant fragile, déséquilibrée, apeurée, m'accrochant plus encore à mon accompagnateur.

Ils ne me voient pas.

Mon quartier est celui des attentats, des manifs, de République. Un quartier aussi à vif que mon assurance est faible.

Après les attentats, recrudescence de passage, pour voir, pour témoigner. Et je passe par ces espaces trop chargés, à la merci de la moindre bousculade, sans la moindre chance de courir et m'échapper si trop de foule. Pas confort : peur de la foule, de l'espace, de traverser.

Et une vigilance de chaque instant, angoissée, cruelle, où est le risque, comment ne pas me faire mal.

Apprendre, savoir me rattraper.

Très vite, j'ai fait et refait ces deux ou trois circuits possibles à pied, sempiternels pour moi comme pour l'autre. Où est ma ville, celle où l'on attrape un métro pour aller rôder, humer, découvrir, où on saute dans un bus pour faire une course ou un ciné, où on se retrouve pour déjeuner ou voir une expo avec une copine dans un quartier sympa, et puis on rentre à pied parce qu'il fait beau, et que la ville est belle.

Où est ma vie aussi. Filer le matin. Impossible heure de pointe, et me préparer est un processus compliqué. J'ânonne les gestes au ralenti. Me lever, c'est me redresser, me stabiliser, m'extraire et m'équilibrer avant le moindre pas. La canne, les murs, les poignées de maintien dans la salle de bain.

Peu à peu, arriver à se laver seule, retrouver déjà son intimité.

Oui, je peux m'habiller, mais ça prend du temps, j'ai besoin de pinces, d'un foulard pour lever ma jambe vers mon genou, et enfiler mon pantalon, puis mes chaussures.

Bref, les matins s'épuisent à ne rien faire, juste pour être prête.

Les transports Métro, bus, transports en commun, oubliés. Restent les taxis, Uber et autres systèmes.

Et l'angoisse à chaque fois. Si c'est un transport médicalisé, est-ce que j'ai la tétrarchie de papiers exigés, et les chauffeurs seront-ils à l'heure, aimables, ou en train de vider sur moi leur frustration des taxis conventionnés, de chercher en me stressant à zapper le système et à me faire payer, arriveront avec une blinde au compteur, n'arriveront pas, me déposeront à l'heure ou passeront par le chemin des écoliers, me déposeront au bon endroit, dans un endroit sécurisé et accessible. Pratiquement, pas de transport sans stress.

Seule, donc vulnérable.

Sinon, enfermée à la maison, seule, à attendre que la ville vienne à moi au lieu d'aller à elle. Des journées, seule, où rien ne se passe. Un hiver étouffant, asphyxiant, sans but et sans horizon, sans projet. Sans lumière. Enfiler les journées sans saveur ni plaisir, et se retenir de hurler. Ils sont tous dehors et je reste enfermée.

Rien ne bouge. Comme moi. Ailleurs n'existe plus, ma liberté s'en est allée. J'attends en permanence, la journée j'attends la nuit, et la nuit, j'attends le matin. Je passe les jours, les semaines. Je les meuble, de peu. J'évite de penser, d'avoir envie. De peur de désirer encore l'inaccessible.

Ma vie est devenue un tortillard, un train fantôme. Je m'y meurs d'ennui. Asphyxie mentale et affective.

Éloge de la lenteur, mon cul.

Je ne digère pas bien les limites qui sont devenues miennes. Mon entourage me trouve triste.

Je le sais. En parallèle de chaque mouvement, il y a dans ma tête une petite lucarne où je m'élance, je cours, je saute, je danse, j'ai les bras chargés, je grimpe, je cavale, j'accélère le pas, j'investis des endroits aujourd'hui interdits. Je vis double : cette vie contrainte et limitée, faite de petits progrès, de petites avancées, de petites ouvertures, et la vie dont je me souviens faite d'aisance, d'espace et de vitesse.

Comment accepter ? Comment vivre si je n'accepte pas ? Accepter est-ce se résigner ? Comment être vivante, si je ne me réapproprie pas ma vie comme pleine de sens, et si je ne mets pas en œuvre un projet qui fédère tout ce qui en moi est éparpillé, épars, en perdition.

Vivre et guérir.

Sur ma friche, construire. Me reconstruire. Boucler ce processus de deuil, incompressible, mais qui m'encombre. Verticalité et espace. Ça prendra le temps que cela prendra. Et je tomberai peut-être encore, mais je veux croire en demain. Je veux me réveiller.

La Rochelle
1er novembre 2016

ÉPILOGUE PROVISOIRE : GUÉRIR

Abandonner mes armures. Désarmée.

Armure, Une. Le monde professionnel, c'était mort, je ne me suis pas appesantie là-dessus. J'étais aussi laminée de fatigue. J'ai vite compris que je n'aurai aucun plaisir à vivre une vie professionnelle à vitesse réduite, et à vivre handicapée dans un monde où j'avais été valide. Un jour, je me réinventerai. L'occasion de passer à autre chose.

Armure, Deux. Avoir de la peine et peiner. Pas productif. Garches, j'y étais et ce n'était pas une option, j'ai fait avec, et j'en ai tiré le meilleur. Les journées étaient longues, je n'étais pas en état de lire : je faisais de la méditation. Avec mon téléphone. Merci internet, merci Deepak Chopra.[4]

J'ai accepté cette rééducation quotidienne, ingrate, de petits gestes aidés, de petites amplitudes, de petits

_____

4. https://chopracentermeditation.com/

mouvements, source de grandes douleurs, courbatures et épuisement.

J'ai marché sans fin le long des murs, dans les couloirs froids d'hôpital, réappris difficilement, à monter et à descendre les escaliers, trainant mes jambes, de marche en marche.

J'ai refait mille fois lentement le même geste. Des millions de fois, je trébuche. Je tombe. J'ai accepté. Et cela ne veut pas dire se résigner.

En deux ans et demi, des petites victoires. Fauteuil roulant, puis déambulateur, enfin canne et accompagnée pour la marche à l'extérieur, et canne seule à la maison, se laver seule, se lever seule, s'habiller seule. Accès aux doigts de pied, pouvoir couper ses ongles de pieds. Monter seule en voiture. Peut-être reconduire avec les commandes au volant.

Seule, c'est bien plus difficile, plus lent, plus fatigant, plus douloureux. Mais c'est le début de l'autonomie retrouvée, Autos Nomos : gouvernée, être par soi-même. Seule dans l'univers. Libre et dans l'univers.

Armure, Trois. Ne plus avoir les variations de ma colère comme musique. Je suis revenue à la maison, je ne pouvais plus assurer grand-chose, c'était difficile. Mais j'étais à la maison. C'était déjà un progrès.

Revivre parmi les autres. OUI, les autres sont totalement libres. Et j'ai peur de tomber, peur de la rue, peur de la foule, peur de traverser. Paris, violence où les gens, centrés sur eux même, me bousculent ou arrachent ma canne en passant sans me voir.

J'essaye chaque jour de ne voir que ce qui va, et d'apprendre.

Et je me calme quand je sens que je vais souffrir. Ça marche la plupart du temps.

Je profite d'un bouquet de mimosa, d'un livre, d'un film, de la lumière, d'un mets, d'une présence. Trouver la joie. Être juste bien un instant. Et la mer, divine. Où le corps bouge sans peine. Respirer.

Quand je suis à La Rochelle, je vis mieux, mais j'y ai moins d'amis – peu mais merveilleux- qu'à Paris. Mais la mer m'apaise.

Parfois, c'est plus difficile d'accepter : le scooter électrique, liberté dans un périmètre donné, mais aussi affichage de mon handicap. Au début, j'en pleurai. Je m'y fais.

L'été dernier, j'ai dansé. Pas Rock and Roll. Mais dans le rythme, bougé à une soirée, soutenue par les mains de Jacques et de Valérie.

Et je m'apaise avec les miens. Je fais face. Je me fais suffisamment confiance pour ne plus me soucier d'avoir raison ou non.

Ceux qui m'aiment, ne comprennent pas qui je suis, bon, cela ne les empêche pas de m'aimer. Je me mets moins de pression et attends moins des autres. Même si ils ne le réalisent pas encore !

Jacques et moi ou la puissance des contraires. Aidant obligé – aidant ce terme que je n'aime pas - mais accompagnant toujours, et aimant à sa manière. Un homme, pas un frère, pas un père. Trêve. Mes filles vont bien, je le savoure. Je les aime.

Armure, Quatre. Je ne délègue plus aux autres mon salut. Je suis mon propre thérapeute. Je cultive mon jardin, je relis mes livres. Lentement. Je poursuis mon chemin tranquillement pour guérir avec mes ressources.

D'ailleurs, fait étrange, chaque fois depuis deux ans, que j'ai eu des velléités de guérison « miraculeuse », de déléguer à un autre la responsabilité de m'aider, cela s'est effrité, s'est effiloché, s'est noyé dans l'impossible. Impossible de trouver une recette, un sauveur omnipotent. À moi de faire. À moi d'aider mon cœur et mon corps à guérir – accompagnée si la technicité le justifie par d'autres, mais uniquement quand c'est juste. Je prends soin de moi. J'ai grandi, de fait, de six centimètres à soixante ans. C'est ma vie.

Qui j'avais été, qui j'étais, qui je suis, toutes mes facettes se sont combinées pour me reconstruire. J'ai été obligée de trouver comment m'en sortir, de voir ce qui allait m'aider, et ce qu'il fallait abandonner, ce dont il fallait se débarrasser pour guérir.

Battante, je l'avais été et l'étais encore. Je savais donner des coups, distribuer des points. Il ne s'agissait plus de tout cela. J'avais perdu le sens de qui j'étais profondément et de tout ce qui était possible.

Le contrôle ne pouvait plus me sauver, plus rien n'était sous contrôle. J'avais appris tout ce que je devais apprendre, silencieuse, souterraine, volontaire et reine de l'esquive, mais il me restait absolument à être. Avec joie et légèreté pour moi.

Je m'étais déjà sortie d'autres situations hasardeuses. Quoi qu'il se passe, je suis protégée, j'ai de la chance, je renais toujours de mes cendres. Là, les impératifs étaient aussi de m'aimer enfin, de me faire confiance, totalement, d'oser me réinventer.

Et il y a un an, j'ai repris l'écriture, autour de laquelle je tournais, fascinée, apeurée, secrète depuis des décennies. Jacques me disait d'écrire depuis de nombreuses années. J'avais bien trop peur de l'échec, et encore plus de la réussite. Peur de dire. Peur d'écrire. Peur de me montrer. Peur de l'autre. Et là, me faire confiance. Faire confiance à l'autre. Sans craindre le jugement.

J'ose vivre mon envie, croire en moi, écrire, m'exposer, partager et peut-être toucher.
Ma résurrection.

Merci.

Outre ceux à qui ce livre est déjà dédié - Jacques, Valentine, Eléonore, Antoinette, mais également Jean-Claude Berline, Danielle de Caumon et l'amitié -, je voudrai exprimer, selon les cas, ma gratitude, mon affection et mon amitié :

A l'ensemble du personnel soignant, infirmier(e)s, aides-soignants, kinésithérapeutes, psychologues, ergothérapeutes, bénévoles, esthéticienne, visiteuses, et tous ceux qui m'ont soutenue avec professionnalisme et empathie durant ces longs mois d'hôpital, mais aussi aux formidables médecins et internes qui m'ont récupérée pantelante en Janvier 2015 et qui ont organisé avec efficacité et précaution ma rééducation à l'APHP en hôpital et hôpital de jour à Garches. Je suis critique d'un système, mais admirative de vous tous.

J'ai aussi été suivie formidablement par le docteur Hachemi Meklat et son équipe soignante et kinésithérapeute au Centre Croix Rouge de La Rochelle.

Je suis aidée par la MDPH de Paris et soutenue au quotidien par les intervenantes de Domidom Paris ou La Rochelle

Le docteur Catherine Henry-Plessier m'a permis, en dépit de mon handicap, de m'intégrer dans le parcours de développement personnel qu'elle propose, avec le soutien de mes camarades de la promotion 11.

Je suis certaine que, où qu'ils soient, Marie-Pierre Baskevitch, Claude Gillardeau, Anne-Marie Boutet, Sophie Callies, et Menouar Ben Alem sont à mes côtés, comme ils demeurent dans mon cœur.

Enfin, quel bonheur d'être accueillie par Yves Michalon et son équipe de drôles de dames - Anne Coppin, mon éditrice, Aurélie Streiff, Sophie Mairot - aux éditions Fauves et de voir ce manuscrit, grâce à eux et à leur talent d'éditeur, se transformer en véritable livre avec une merveilleuse couverture née de l'imagination de Sophie Renard

A ma tante Françoise qui sait aimer.

Merci.

Table

Rejoignez le mouvement !

Le roseau penchant est sur :

 Facebook.com/leroseaupenchant

 Twitter.com/nadaletteLFS

 Instagram.com/nadalettelf

Vous pouvez aussi contacter l'auteure à cette adresse :

leroseaupenchant@gmail.com

Et retrouvez la revue de presse sur le site de l'éditeur :
www.fauves-editions.fr